首批国家级职业教育教师教学创新团队“新形态教材改革系列”之八
新时代新理念职业教育教材·物流类
新型活页式融媒体教材

物流企业职业卫生概论

主　编　廖　威
副主编　黎海红　黄世文
主　审　俞文兰

北京交通大学出版社
·北京·

内 容 简 介

本书是在教育部颁布的《高等职业学校专业教学标准》的指导下，按职业教育改革精神的要求，由高等职业学校一线教师、研究院专家和企业资深管理人员联合编写。本书根据学习认知规律，结合生产岗位必须掌握的知识点和技能要求，按活页式教材特点进行体例设计，以利于教学效果的提升。本书共分 5 个情景，具体包括：物流企业职业卫生认知、职业病危害因素认知、职业病防护、职业健康监护、职业健康检查和职业病法律求助。

本书适合用作职业院校相关专业职业卫生课教材，也可作为企业职工和管理人员的培训教材。

图书在版编目（CIP）数据

物流企业职业卫生概论 / 廖威主编；黎海红，黄世文副主编. —北京：北京交通大学出版社，2023.4

ISBN 978-7-5121-4930-4

Ⅰ. ① 物… Ⅱ. ① 廖… ② 黎… ③ 黄… Ⅲ. ① 物资企业–劳动卫生–卫生管理–教材 Ⅳ. ① R13

中国国家版本馆 CIP 数据核字（2023）第 059143 号

物流企业职业卫生概论
WULIU QIYE ZHIYE WEISHENG GAILUN

策划编辑：李运文　　责任编辑：陈跃琴
出版发行：北京交通大学出版社　　电话：010-51686414　　http://www.bjtup.com.cn
地　　址：北京市海淀区高梁桥斜街 44 号　　邮编：100044
印 刷 者：艺堂印刷（天津）有限公司
经　　销：全国新华书店
开　　本：185 mm×260 mm　　印张：10　　字数：250 千字
版 印 次：2023 年 4 月第 1 版　　2023 年 4 月第 1 次印刷
定　　价：45.00 元

本书如有质量问题，请向北京交通大学出版社质监组反映。对您的意见和批评，我们表示欢迎和感谢。
投诉电话：010-51686043，51686008；传真：010-62225406；E-mail：press@bjtu.edu.cn。

本书编写人员

（按姓氏笔画排序）

李秀婷（江苏卫生健康职业学院）

俞文兰（中国疾病预防控制中心职业卫生与中毒控制所）

曾泳森（北部湾港防城港码头有限公司）

黄世文（广西壮族自治区职业病防治研究院）

黎海红（广西壮族自治区职业病防治研究院）

廖　威（广西职业技术学院）

前　　言

随着经济的快速发展，职业病已成为影响职工生命健康的突出问题。职业病是一种不流血的“渐进式死亡”，其危害不亚于矿难、工伤等流血的“立即式死亡”，从其发病的普遍性、延续性和隐藏性来看，职业病对劳动者及其家庭的伤害更值得警惕。2019 年 6 月 25 日，国务院印发了《关于实施健康中国行动的意见》（国发〔2019〕13 号），据《健康中国行动（2019—2030 年）》估算，我国大约有 2 亿人接触职业病危害因素。目前，我国从业人员达 7.75 亿人，他们既面临尘、毒、噪等传统危害侵袭，又面临肌肉骨骼疾病、工作压力、精神健康等新职业疾病的威胁。以广西为例，物流企业有 40 多万家，大多数企业中均存在接触职业病危害因素的工作场所，每年有数以百计的职业病案例发生。广西有 38 所职业院校，每年为企业输送的毕业生约 10 万人，对于进入中小微企业的毕业生，他们入职后获得职业卫生培训的机会相对较少，如果在学校未提前获得职业卫生知识和职业病防范能力，则工作后容易因难以正确进行自我防范而遭受伤害。

职业病虽然不能治愈但却可以预防，除了做好危险源控制之外，个人防护就是预防职业病的最后关口。曾有全国人大代表提议“将职业健康课纳入义务教育内容”，但到目前为止，我国尚未把职业卫生教育融入职业教育人才培养方案，更不用说纳入义务教育之中。为了提高毕业生对职业病的自我防范意识和个人防护能力，建议把职业卫生知识融入现代物流管理专业人才培养方案中，作为选修课开设，总共 60 学时，其中理论、实践各 30 学时，在顶岗实习前开设。

本书以工作过程为导向，不刻意追求理论体系的完整性，注意多选取实用知识、典型案例及法律法规的内容，介绍物流企业职业卫生基本知识、职业病危害因素识别、职业病防护措施的使用、职业健康监控及职业病的法律救助，并开展实践性的技能训练，使学生一就业就具备职业病防护能力。本书采用活页形式编排，图文并茂，同时融入课程思政元素。每个情景均按照生产项目及其任务来编排，各情景均配置有知识结构导图、岗位要求、学习目标、复习思考题和实训项目。各情景之间既相互联系又相对独立，在教学过程中，可以针对每个情景的内容开展独立教学，也可以作为职业卫生知识素材融入其他课程进行教学。

本书由廖威担任主编，黎海红和黄世文担任副主编。全书共设置了5个情景，廖威编写情景1，李秀婷编写情景2，曾泳森编写情景3，黄世文编写情景4，黎海红编写情景5并指导情景2～4的编写。编写成员都是职业卫生专家，有着丰富的教学、研究、生产和管理经验，书中宝贵的生产数据和企业案例，保障了教学内容的先进性和实用性。

本书适合作为应用型本科、高等职业学校、中等职业学校工程类专业涉及职业卫生的选修课教材，也可作为企业职工和管理人员的培训教材。

在编写本书的过程中，得到了各编者所在单位和北京交通大学出版社的大力支持，在此一并表示衷心的感谢。全体编者向本书引用为参考文献涉及的各位专家、同行和作者表示衷心感谢，并致以崇高的敬意。

由于编者水平有限，错误和不足之处在所难免，恳请广大读者批评指正。

编　者

2023年1月

目　录

情景 1

物流企业职业卫生认知

本情景知识结构导图

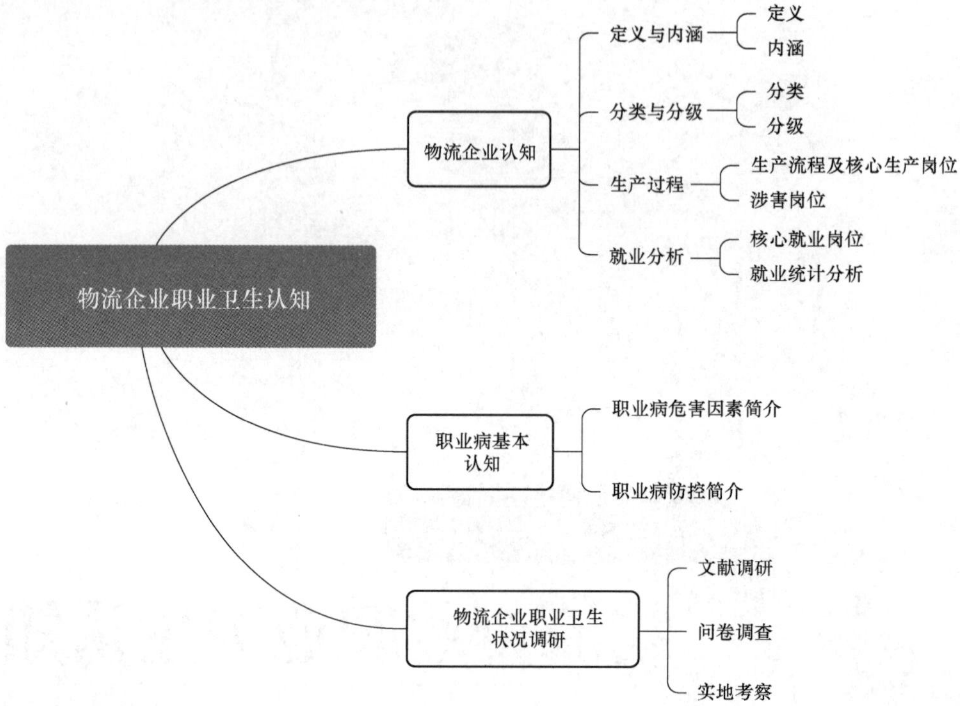

课前思考

作为物流管理专业的学生，毕业后要到物流企业去工作，请说一下你对物流企业的理解和认知。

岗位要求

1. 掌握必备的思想政治理论、科学文化基础知识和中华优秀传统文化知识。
2. 熟悉与本专业相关的法律法规以及环境保护、安全消防和职业卫生等知识。
3. 了解中国传统商业文化和世界经济发展趋势，熟悉市场经济规则。
4. 掌握物流市场分析、客户服务管理的基本知识和方法。
5. 掌握物流系统的构成要素，具备供应链管理的基本知识。
6. 掌握物流货品分类与质量管理的基本知识与技术方法。
7. 掌握物流运作的基本知识与方法。
8. 掌握物流作业及现场管理的基本流程和优化方法。
9. 掌握物流成本控制的基本知识和方法。
10. 掌握现代物流信息技术运用的基本知识和方法。

11. 熟悉大数据、智慧物流、物联网等现代物流发展的新知识、新技术。
12. 掌握物流项目管理的基本知识与技术方法。
13. 熟悉冷链物流管理的基本知识与技术方法。
14. 熟悉跨境物流运作的基本流程与技术方法。

学习目标

知识目标	1. 掌握物流企业和职业卫生的定义与内涵； 2. 了解物流企业的分类与分级； 3. 了解职业卫生危害因素； 4. 了解物流企业的就业需求及职业病状况； 5. 了解职业病的发生原因与防控措施
技能目标	1. 能够概述物流企业与职业病发生的关系、职业危害因素的种类及其危害； 2. 具有获取文献和第一手资料的能力
素质目标	1. 培养在劳动过程中做好职业防护、切实保护劳动者的思想意识； 2. 培养学生的人文关怀理念、社会责任感

学习重点、难点

学习重点	1. 职业卫生的重要性； 2. 职业危害因素的种类与防护措施
学习难点	1. 物流企业的分类、分级； 2. 职业病的致病机理

项目 1　物流企业认知

任务 1.1　物流企业的定义与内涵

预习作业单

任务 1.1　物流企业的定义与内涵
预习时间________年_____月_____日至________年_____月_____日
预习知识点
预习技能目标
重点和难点预习情况
预习小结
预习自我评价

1.1.1 物流企业的定义

《物流术语》（GB/T 18354—2021）对物流企业的定义如下：从事物流基本功能范围内的物流业务设计及系统动作，具有与自身业务相适应的信息管理系统，实行独立核算、独立承担民事责任的经济组织。

《物流术语》（GB/T 18354—2021）对物流的定义为：根据实际需要，将运输、储备、装卸、搬运、包装、流通加工、配送、信息处理等基本功能实施有机结合，使物品从供应地向接收地进行实体流动的过程。

从物流的定义可以看出，物流具有以下八大基本功能：

① 运输；

② 储存；

③ 装卸；

④ 搬运；

⑤ 包装；

⑥ 流通加工；

⑦ 配送；

⑧ 信息处理。

1.1.2 物流企业的内涵

① 商品属性：物流企业从事的物流活动涉及具有使用功能的实物与信息，实物包括原辅材料、中间产品、产成品。信息包括供需数据、流动位置的网络查询。

② 物理位移：指物流企业提供的产品是实物从起点至终点的流动，伴随信息的有效流动。

③ 可操作性：指物流企业的功能是将包装、运输、仓储、装卸、加工、整理、配送、信息等各环节有机结合，形成完整的供应链，不断延长产业链。

④ 服务属性：指物流企业应为生产和社会用户提供多功能、一体化的综合性服务。

⑤ 信息管理系统：指物流企业应具有与自身业务相适应的信息管理系统，包括商品代码和数据库的建立、物流配送中心管理电子化、电子商务和物品条码技术应用、ERP（企业资源计划）、MRP（物流需求计划）、WIS（仓库管理系统）、BCP（条码印制系统）和 RP（无线终端识别系统）等。

⑥ 具有法人性质：指物流企业是独立核算、独立承担民事责任的经济组织。

1.1.3 现代物流的特点

我国物流业目前正处于从发展期向成熟期过渡的阶段，物流行业的发展趋势是从基础物流、综合物流逐渐向供应链管理发展，网络信息技术升级也带动物流行业新技术、新业态不断涌现，进而实现规模大、效率高、网络化的智能物流。世界经济贸易一体化趋势的加速发展，导致了现代物流这一货运流通领域全新理论和技术的不断发展和创新，如运输合理化、仓储自动化、包装标准化、装卸机械化、加工配送一体化、信息管理网络化等。

物流企业从最初只承担简单的第三方物流，逐步拓展到全面介入企业的生产、销售阶段，并通过整合供应链上下游信息，优化企业各阶段的产销决策，物流企业专业化服务水平和效益显著提高。

企业物流的业务模式可以分为自营物流、第三方物流、物流联盟和第四方物流等。第三方物流、物流联盟和第四方物流又同属于物流的外包业务，第四方物流是由第三方物流和物流联盟发展而来的一种新的物流模式。

现代物流越来越凸现以下 3 个特点：

① 不受时空限制，市场规模在扩大，时空距离在缩小。

② 供方与需方之间、供方之间与需方之间，以及社会各方之间能够及时、深入地沟通，文化距离在缩小。

③ 借助网络技术，人们可以方便地分析需求、扩展需求、集成服务，从而为客户提供个性化的、更周到的、更全面的服务。

任务 1.2　物流企业的分类与分级

预习作业单

任务 1.2　物流企业的分类与分级
预习时间________年_____月_____日至________年_____月_____日
预习知识点
预习技能目标
重点和难点预习情况
预习小结
预习自我评价

1.2.1　物流企业的分类

虽然各个物流企业都有相同的属性，但是由于物流对象、物流目的、物流范围和范畴的不同，便形成了不同的物流类型。

1. 国家标准中的分类

根据《物流企业分类与评估指标》（GB/T 19680—2021），物流企业分为 3 种类型，即运输型、仓储型和综合型。该标准的评估指标包括了三种不同类型物流企业的经营状况、资产、设备设施、管理及服务、人员素质、信息化水平等六个方面的具体内容。

1）运输型物流企业

该类型物流企业应同时满足以下条件：

① 以从事运输业务为主，具备必然规模。

② 可为客户提供运输效劳及其他增值效劳。

③ 自有必然数量的运输工具和设备。

④ 具备信息效劳功能，应用信息系统可对运输货物进行状态查询、监控。

此类物流企业属于条件要素、资源要素、管理要素、服务要素及其他要素等综合实力较弱、整体水平也不高、运输工具主要为车辆、运输形式主要为陆路运输的企业。

2）仓储型物流企业

该类型物流企业应同时满足以下条件：

① 以从事仓储业务为主，具有必然规模。

② 可为客户提供分拨、配送、流通加工等效劳和其他增值效劳。

③ 拥有自然规模的仓储设施、设备，自有或租用必要的货物运输工具。

④ 具有信息效劳功能，应用信息系统可对仓储货物进行状态查询、监控。

此类物流企业属于条件要素、资源要素、管理要素、服务要素及其他要素等综合实力较强、整体水平较高、运输工具主要为车辆、运输形式主要为陆路运输的企业。

3）综合型物流企业

该类型物流企业应同时满足以下条件：

① 从事多种物流效劳业务，能够为客户提供运输、仓储、货运代理、配送、流通加工等多种物流效劳，具备必然规模。

② 可为客户制定系统化的物流解决方案，可为客户提供综合物流效劳及其他增值效劳。

③ 自有或租用必要的运输工具、仓储设备及相关设备。

④ 具有必然市场覆盖面的货物集散、分拨、配送网络。

⑤ 具有信息效劳功能，应用信息系统可对物流效劳全过程进行状态查询、监控。

此类物流企业的运输工具主要为船舶，运输形式主要为海运运输，运输业务覆盖范围为国际范围。

2. 其他分类

对于生产制造型企业的物流，按功能可以分为：供应物流、生产物流、销售物流及逆向物流。

下面再介绍另外几种物流企业的分类方法：运输型、仓储型、配送型、速递型、代理服务型、综合服务型，各类物流企业的特点如表 1–1 所示。

表 1–1　各类物流企业的主要特点

类别		主要业务	特征描述
1	运输型	运输	发达的运输网络和较强的运输整合能力
2	仓储型	仓储	较强的仓储整合及运作能力，较强的电子商务能力
3	配送型	配送	较强的运输及仓储整合能力，较高的信息化水平和客户整合能力
4	速递型	快速货运	较强的服务网络，较高的信息化水平，较强的运输整合能力与客户整合能力
5	代理服务型	货运代理	较高的信息化水平，较高的物流客户和物流供应商整合能力和物流服务集成度
6	综合服务型	一体化物流服务	较强的一体化物流服务能力、物流资源整合能力，较高的信息化应用水平

1.2.2　物流企业的分级

根据国家标准，对于具备一定综合水平的三种类型的物流企业，按照不同评估指标分为 AAAAA、AAAA、AAA、AA、A 五个等级。AAAAA 级最高，依次降低，各类物流企业的评估指标如表 1–2～表 1–5 所示。

表 1–2　运输型物流企业评估指标

评估指标		级　别				
		AAAAA 级	AAAA 级	AAA 级	AA 级	A 级
经营状况	1. 年物流营业收入/元*	16.5 亿以上	3 亿以上	6 000 万以上	1 000 万以上	300 万以上
	2. 营业时间*	5 年以上	3 年以上		2 年以上	
资产	3. 资产总额/元*	11 亿以上	2 亿以上	4 000 万以上	800 万以上	300 万以上
	4. 资产负债率*	不高于 70%				

续表

<table>
<tr><th colspan="2" rowspan="2">评估指标</th><th colspan="5">级　别</th></tr>
<tr><th>AAAAA 级</th><th>AAAA 级</th><th>AAA 级</th><th>AA 级</th><th>A 级</th></tr>
<tr><td rowspan="2">设施设备</td><td>5. 自有货运车辆/辆*
（或总载重量/t）*</td><td>1 500 以上
（7 500 以上）</td><td>400 以上
（2 000 以上）</td><td>150 以上
（750 以上）</td><td>80 以上
（400 以上）</td><td>30 以上
（150 以上）</td></tr>
<tr><td>6. 运营网点/个</td><td>50 以上</td><td>30 以上</td><td>15 以上</td><td>10 以上</td><td>5 以上</td></tr>
<tr><td rowspan="5">管理及服务</td><td>7. 管理制度*</td><td colspan="5">有健全的经营、作业、财务、统计、安全、技术等机构和相应的管理制度</td></tr>
<tr><td>8. 质量管理</td><td colspan="3">通过国家或行业相关认证</td><td colspan="2">具有规范的质量管理体系</td></tr>
<tr><td>9. 业务辐射面*</td><td colspan="3">跨省区以上</td><td colspan="2">—</td></tr>
<tr><td>10. 物流服务方案与实施</td><td colspan="3">提供物流系统规划、资源整合、方案设计、业务流程重组、供应链优化、物流信息化等方面服务</td><td colspan="2">提供整合物流资源、方案设计等方面的咨询服务</td></tr>
<tr><td>11. 客户投诉率
（或客户满意度）</td><td>≤0.05%
（≥98%）</td><td colspan="2">≤0.1%
（≥95%）</td><td colspan="2">≤0.5%
（≥90%）</td></tr>
<tr><td rowspan="2">人员管理</td><td>12. 中高层管理人员*</td><td>80%以上具有大专及以上学历，或全国性行业组织物流师认证</td><td colspan="2">60%以上具有大专及以上学历，或全国性行业组织物流师认证</td><td colspan="2">30%以上具有大专及以上学历，或全国性行业组织物流师认证</td></tr>
<tr><td>13. 基层物流业务人员</td><td>60%以上具有中等及以上学历或物流职业资格</td><td colspan="2">50%以上具有中等及以上学历或物流职业资格</td><td colspan="2">30%以上具有中等及以上学历或物流职业资格</td></tr>
<tr><td rowspan="4">信息化水平</td><td>14. 信息系统*</td><td colspan="3">物流经营业务全部信息化管理</td><td colspan="2">物流经营业务部分信息化管理</td></tr>
<tr><td>15. 电子单证管理</td><td>90%以上</td><td colspan="2">70%以上</td><td colspan="2">50%以上</td></tr>
<tr><td>16. 货物物流状态跟踪*</td><td>90%以上</td><td colspan="2">70%以上</td><td colspan="2">50%以上</td></tr>
<tr><td>17. 客户查询*</td><td colspan="3">建立自动查询和人工查询系统</td><td colspan="2">建立人工查询系统</td></tr>
</table>

注 1：标注*的指标为企业达到评估等级的必备指标项目，其他为参考指标项目。

注 2：物流营业收入指企业通过物流业务活动所取得的收入总额，包括提供运输、仓储、装卸、搬运、包装、流通加工、配送、信息等基本服务及其他相关增值服务所取得的业务收入。

注 3：运营网点是指在企业市场覆盖范围内，可以承接并完成企业基本业务的分支机构和联盟伙伴。

注 4：客户投诉率是指在年度周期内客户对不满意业务的投诉总量与企业业务总量的比率。

注 5：客户满意度是指在年度周期内企业对客户满意情况的调查统计。

注 6：基层物流业务人员是指从事物流业务执行活动的企业成员。

表 1–3　仓储型物流企业评估指标

<table>
<tr><th colspan="2" rowspan="2">评估指标</th><th colspan="5">级　别</th></tr>
<tr><th>AAAAA 级</th><th>AAAA 级</th><th>AAA 级</th><th>AA 级</th><th>A 级</th></tr>
<tr><td rowspan="2">经营状况</td><td>1. 年物流营业收入/元*</td><td>7.2 亿以上</td><td>1.2 亿以上</td><td>2 500 万以上</td><td>500 万以上</td><td>200 万以上</td></tr>
<tr><td>2. 营业时间*</td><td>5 年以上</td><td colspan="2">3 年以上</td><td colspan="2">2 年以上</td></tr>
<tr><td rowspan="2">资产</td><td>3. 资产总额/元*</td><td>11 亿以上</td><td>2 亿以上</td><td>4 000 万以上</td><td>800 万以上</td><td>200 万以上</td></tr>
<tr><td>4. 资产负债率*</td><td colspan="5">不高于 70%</td></tr>
<tr><td rowspan="3">设施设备</td><td>5. 自有仓储面积/m^2*</td><td>20 万以上</td><td>8 万以上</td><td>3 万以上</td><td>1 万以上</td><td>4 000 以上</td></tr>
<tr><td>6. 自有/租用货运车辆/辆（或总载重量/t）*</td><td>500 以上（2 500 以上）</td><td>200 以上（1 000 以上）</td><td>100 以上（500 以上）</td><td>50 以上（250 以上）</td><td>30 以上（150 以上）</td></tr>
<tr><td>7. 配送客户点/个</td><td>200 以上</td><td>150 以上</td><td>100 以上</td><td>50 以上</td><td>30 以上</td></tr>
<tr><td rowspan="4">管理及服务</td><td>8. 管理制度</td><td colspan="5">有健全的经营、作业、财务、统计、安全、技术等机构和相应的管理制度</td></tr>
<tr><td>9. 质量管理</td><td colspan="3">通过国家或行业相关认证</td><td colspan="2">具有规范的质量管理体系</td></tr>
<tr><td>10. 物流服务方案与实施</td><td colspan="3">提供物流系统规划、资源整合、方案设计、业务流程重组、供应链优化、物流信息化等方面服务</td><td colspan="2">提供整合物流资源、方案设计等方面的咨询服务</td></tr>
<tr><td>11. 客户投诉率（或客户满意度）</td><td>≤0.05%（≥98%）</td><td colspan="2">≤0.1%（≥95%）</td><td colspan="2">≤0.5%（≥90%）</td></tr>
<tr><td rowspan="2">人员管理</td><td>12. 中高层管理人员</td><td>80%以上具有大专及以上学历或全国性行业组织物流师认证</td><td colspan="2">60%以上具有大专及以上学历或全国性行业组织物流师认证</td><td colspan="2">30%以上具有大专及以上学历或全国性行业组织物流师认证</td></tr>
<tr><td>13. 基层物流业务人员</td><td>60%以上具有中等及以上学历或物流职业资格</td><td colspan="2">50%以上具有中等及以上学历或物流职业资格</td><td colspan="2">30%以上具有中等及以上学历或物流职业资格</td></tr>
</table>

续表

<table>
<tr><td colspan="2" rowspan="2">评估指标</td><td colspan="5">级 别</td></tr>
<tr><td>AAAAA 级</td><td>AAAA 级</td><td>AAA 级</td><td>AA 级</td><td>A 级</td></tr>
<tr><td rowspan="4">信息化水平</td><td>14. 信息系统*</td><td colspan="3">物流经营业务全部信息化管理</td><td colspan="2">物流经营业务部分信息化管理</td></tr>
<tr><td>15. 电子单证管理*</td><td>100%以上</td><td colspan="2">70%以上</td><td colspan="2">50%以上</td></tr>
<tr><td>16. 货物物流状态跟踪</td><td>90%以上</td><td colspan="2">70%以上</td><td colspan="2">50%以上</td></tr>
<tr><td>17. 客户查询*</td><td colspan="3">建立自动查询和人工查询系统</td><td colspan="2">建立人工查询系统</td></tr>
<tr><td colspan="7">注 1：标注*的指标为企业达到评估等级的必备指标项目，其他为参考指标项目。
注 2：物流营业收入指企业通过物流业务活动所取得的收入总额，包括提供运输、仓储、装卸、搬运、包装、流通加工、配送、信息等基本服务及其他相关增值服务所取得的业务收入。
注 3：客户投诉率是指在年度周期内客户对不满意业务的投诉总量与企业业务总量的比率。
注 4：客户满意度是指在年度周期内企业对客户满意情况的调查统计。
注 5：配送客户点是指企业当前的、提供一定时期内配送服务的、具有一定业务规模的、客户所属的固定网点。
注 6：租用货运车辆是指企业通过合同等方式可进行调配、利用的货运车辆。
注 7：基层物流业务人员是指从事物流业务执行活动的企业成员。</td></tr>
</table>

表 1-4 综合服务型物流企业评估指标

<table>
<tr><td colspan="2" rowspan="2">评估指标</td><td colspan="5">级 别</td></tr>
<tr><td>AAAAA 级</td><td>AAAA 级</td><td>AAA 级</td><td>AA 级</td><td>A 级</td></tr>
<tr><td rowspan="2">经营状况</td><td>1. 年物流营业收入/元*</td><td>16.5 亿以上</td><td>2 亿以上</td><td>4 000 万以上</td><td>800 万以上</td><td>300 万以上</td></tr>
<tr><td>2. 营业时间*</td><td>5 年以上</td><td colspan="2">3 年以上</td><td colspan="2">2 年以上</td></tr>
<tr><td rowspan="2">资产</td><td>3. 资产总额/元*</td><td>5.5 亿以上</td><td>1 亿以上</td><td>2 000 万以上</td><td>600 万以上</td><td>200 万以上</td></tr>
<tr><td>4. 资产负债率*</td><td colspan="5">不高于 75%</td></tr>
<tr><td rowspan="3">设施设备</td><td>5. 自有/租用仓储面积/m^2</td><td>10 万以上</td><td>3 万以上</td><td>1 万以上</td><td>3 000 以上</td><td>1 000 以上</td></tr>
<tr><td>6. 自有/租用货运车辆/辆（或总载重量/t）*</td><td>1 500 以上（7 500 以上）</td><td>500 以上（2 500 以上）</td><td>300 以上（1 500 以上）</td><td>200 以上（1 000 以上）</td><td>100 以上（500 以上）</td></tr>
<tr><td>7. 运营网点/个*</td><td>50 以上</td><td>30 以上</td><td>20 以上</td><td>10 以上</td><td>5 以上</td></tr>
</table>

续表

<table>
<tr><th colspan="2" rowspan="2">评估指标</th><th colspan="5">级 别</th></tr>
<tr><th>AAAAA 级</th><th>AAAA 级</th><th>AAA 级</th><th>AA 级</th><th>A 级</th></tr>
<tr><td rowspan="5">管理及服务</td><td>8. 管理制度*</td><td colspan="5">有健全的经营、作业、财务、统计、安全、技术等机构和相应的管理制度</td></tr>
<tr><td>9. 质量管理</td><td colspan="3">通过国家或行业相关认证</td><td colspan="2">具有规范的质量管理体系</td></tr>
<tr><td>10. 业务辐射面*</td><td colspan="3">跨省区以上</td><td colspan="2">—</td></tr>
<tr><td>11. 物流服务方案与实施*</td><td colspan="3">提供物流系统规划、资源整合、方案设计、业务流程重组、供应链优化、物流信息化等方面服务</td><td colspan="2">提供整合物流资源、方案设计等方面的咨询服务</td></tr>
<tr><td>12. 客户投诉率（或客户满意度）</td><td>≤0.05%（≥99%）</td><td colspan="2">≤0.1%（≥95%）</td><td colspan="2">（≥90%）</td></tr>
<tr><td rowspan="2">人员要求</td><td>13. 中高层管理人员*</td><td>80%以上具有大专及以上学历或全国性行业组织物流师认证</td><td colspan="2">70%以上具有大专及以上学历或全国性行业组织物流师认证</td><td colspan="2">50%以上具有大专及以上学历或全国性行业组织物流师认证</td></tr>
<tr><td>14. 基层物流业务人员</td><td>60%以上具有中等及以上学历或物流职业资格</td><td colspan="2">50%以上具有中等及以上学历或物流职业资格</td><td colspan="2">40%以上具有中等及以上学历或物流职业资格</td></tr>
<tr><td rowspan="4">信息化水平</td><td>15. 信息系统*</td><td colspan="3">物流经营业务全部信息化管理</td><td colspan="2">物流经营业务部分信息化管理</td></tr>
<tr><td>16. 电子单证管理*</td><td>100%</td><td colspan="2">80%以上</td><td colspan="2">60%以上</td></tr>
<tr><td>17. 货物物流状态跟踪*</td><td>100%以上</td><td colspan="2">80%以上</td><td colspan="2">60%以上</td></tr>
<tr><td>18. 客户查询*</td><td colspan="3">建立自动查询和人工查询系统</td><td colspan="2">建立人工查询系统</td></tr>
<tr><td colspan="7">注 1：标注*的指标为企业达到评估等级的必备指标项目，其他为参考指标项目。
注 2：物流营业收入指企业通过物流业务活动所取得的收入总额，包括提供运输、仓储、装卸、搬运、包装、流通加工、配送、信息等基本服务及其他相关增值服务所取得的业务收入。
注 3：运营网点是指在企业市场覆盖范围内，可以承接并完成企业基本业务的分支机构和联盟伙伴。
注 4：客户投诉率是指在年度周期内客户对不满意业务的投诉总量与企业业务总量的比率。
注 5：客户满意度是指在年度周期内企业对客户满意情况的调查统计。
注 6：租用货运车辆是指企业通过合同等方式可进行调配、利用的货运车辆。
注 7：租用仓储面积是指企业通过合同等方式可进行调配、利用的仓储总面积。
注 8：基层物流业务人员是指从事物流业务执行活动的企业成员。</td></tr>
</table>

根据这一标准进行分级，目前全国拥有 A 级物流企业 519 家，其中，AAAAA 级物流企业 44 家；AAAA 级物流企业 182 家；AAA 级物流企业 204 家；AA 级物流企业 89 家。其中盛辉物流、天地华宇、中国远洋物流有限公司、中海集团物流有限公司、中国物资储运总公司、中铁快运股份有限公司、中国外运集团、山东海丰国际航运集团有限公司、宝供物流企业集团有限公司、天津大田集团有限公司、上海佳吉快运有限公司、德邦物流股份有限公司、远成集团有限公司等属于 AAAAA 级物流企业。山东佳怡物流有限公司、四川东方物流有限公司、上海中石化工物流有限公司、武汉捷利物流有限公司、沧州运输集团有限公司、江西京九物流有限公司、深圳市万港物流发展有限公司、甘肃西部物流有限公司、中冶美利物流有限公司、云南昆钢物流有限公司等属于 AAAA 级物流企业。上海惠尔物流有限公司、广东怀远物流实业有限公司、湖南中飞物流有限公司、苏州得尔达国际物流有限公司、长沙大唐物流有限公司、天津华星国际物流有限责任公司、天津中邮物流有限责任公司等属于 AAA 级物流企业。上海全胜物流有限公司、云南东方物流有限公司、杭州淳安千岛湖中集物流有限公司、肇庆致美物流有限公司等属于 AA 级物流企业。

对某一具体物流企业进行三级指标评分（如表 1－5 所示）时，应根据该物流企业的实际情况给予 1~6（含 1 和 6）分之间某一合适分数，再根据各级指标的权重加权求和。

表 1–5　物流企业评分表

<table>
<tr><th colspan="2">一级指标及其权重</th><th colspan="2">二级指标及其权重</th><th colspan="2">三级指标及其得分</th></tr>
<tr><td rowspan="4">条件要素</td><td rowspan="4">0.1</td><td rowspan="2">企业规模</td><td rowspan="2">0.05</td><td>注册资金</td><td>1~6</td></tr>
<tr><td>员工数量</td><td>1~6</td></tr>
<tr><td rowspan="2">经营状况</td><td rowspan="2">0.05</td><td>营业收入</td><td>1~6</td></tr>
<tr><td>总资产</td><td>1~6</td></tr>
<tr><td rowspan="9">资源要素</td><td rowspan="9">0.3</td><td rowspan="5">设备设施</td><td rowspan="5">0.15</td><td>仓储</td><td>1~6</td></tr>
<tr><td>运输</td><td>1~6</td></tr>
<tr><td>配送</td><td>1~6</td></tr>
<tr><td>物流信息基础设施</td><td>1~6</td></tr>
<tr><td>物流网络布局（业务辐射面）</td><td>1~6</td></tr>
<tr><td rowspan="2">人力资源</td><td rowspan="2">0.05</td><td>管理人员素质</td><td>1~6</td></tr>
<tr><td>业务人员素质</td><td>1~6</td></tr>
<tr><td rowspan="2">信息系统</td><td rowspan="2">0.1</td><td>作业信息系统</td><td>1~6</td></tr>
<tr><td>管理信息系统</td><td>1~6</td></tr>
</table>

续表

一级指标及其权重		二级指标及其权重		三级指标及其得分	
管理要素	0.25	管理制度	0.1	健全程度	1～6
		管理实施	0.15	战略管理	1～6
				流程管理	1～6
				质量管理	1～6
				成本管理	1～6
				时间管理	1～6
服务要素	0.25	服务项目	0.15	基本服务	1～6
				增值服务	1～6
		服务质量	0.1	人员沟通质量	1～6
				准时性	1～6
				完美订单完成率	1～6
				顾客满意度	1～6
其他要素	0.1	企业柔性	0.04	对客户需求的柔性	1～6
				对环境变化的柔性	1～6
		创新能力	0.06	技术创新	1～6
				管理创新	1～6
				服务创新	1～6

任务 1.3　物流企业的生产过程

预习作业单

任务 1.3　物流企业的生产过程
预习时间________年_____月_____日至________年_____月_____日
预习知识点
预习技能目标
重点和难点预习情况
预习小结
预习自我评价

1.3.1　认识生产流程及核心生产岗位

不同的物流企业有不同的生产流程，但基本可以概括为如图 1－1 所示的各种要素。

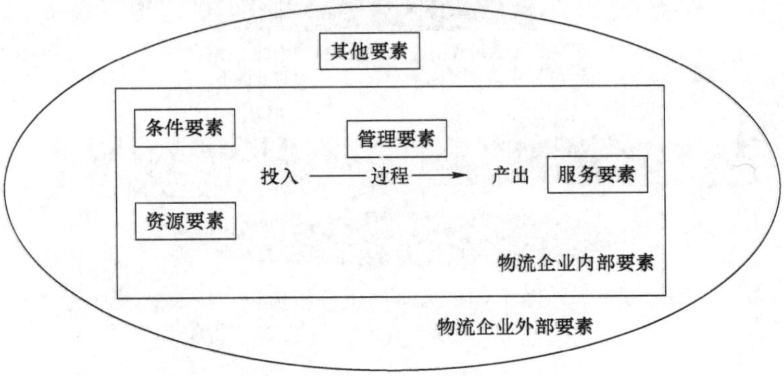

图 1－1　物流企业的要素

1.3.2　判断涉害岗位

物流企业不一定都存在职业卫生危害因素，即使存在职业卫生危害因素，也不是每个岗位都存在职业卫生危害因素，这与物流企业的工艺流程有关。物流企业的一般工艺流程如图 1－2 所示。

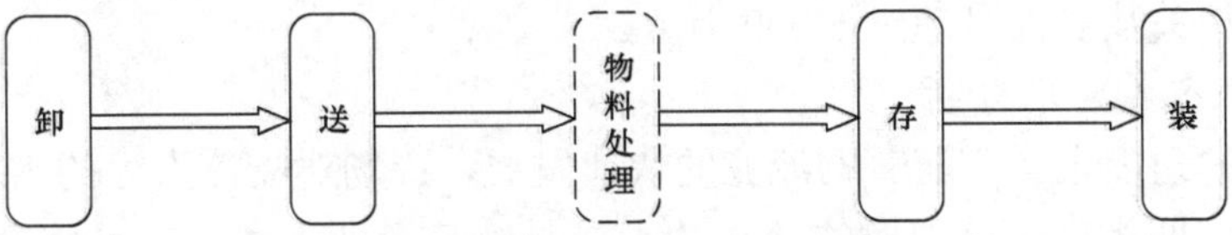

图 1－2　物流企业的一般工艺流程

从图 1－2 可以看出，物流企业的工作围绕储存对象进行，与储存对象相关的物流工作如图 1－3 所示。

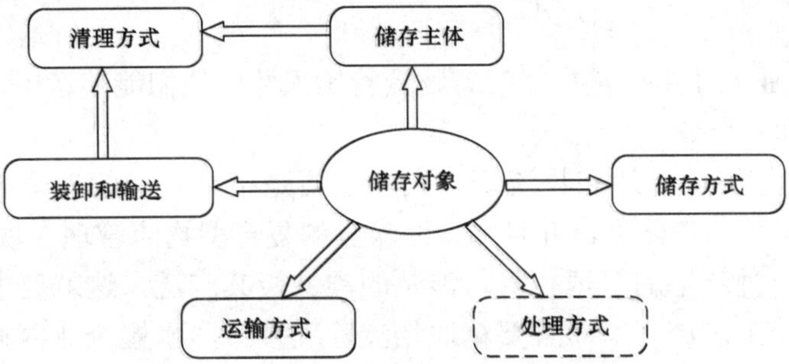

图 1－3　与储存对象相关的物流工作

要判断物流企业的哪些岗位是涉害岗位，需要根据生产工艺、设备、原辅材料进行综合分析，如图 1–4 所示。

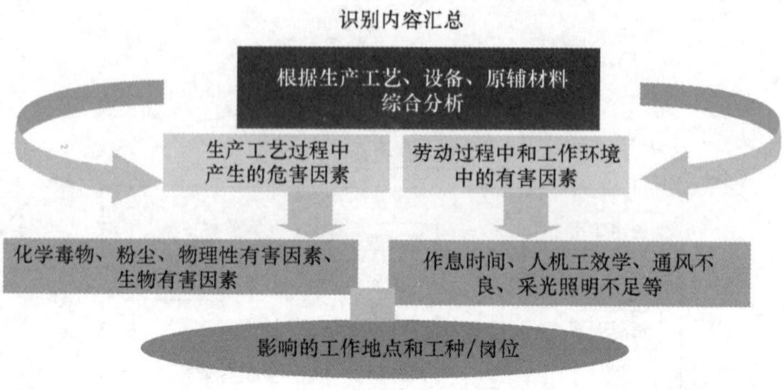

图 1–4　涉害岗位分析流程

知识拓展

物流行业的用人需求与高校的人才培养

1. 物流行业对人才的需求

1）行业现状

物流业吸纳就业能力不断增强，从业人员快速增长。据行业协会统计，2022 年底我国物流相关从业人员超过 5 000 万人。

2）行业人才需求分析

从需求的角度来看，随着物流业的快速发展，市场对物流人才的需求大幅增加，大致可归纳为四类：一是企业物流人才；二是物流企业人才；三是物流规划咨询人才；四是物流研究人才。

① 企业物流人才主要是指物流企业各岗位的操作人员，如运输管理人员、仓储管理人员、报关员、配送人员、客户关系管理员等。这些人员必须熟悉物流行业，掌握物流运输、仓储、包装、装卸等方面的知识，并能熟练地运用到实际工作中。

② 物流企业人才主要是指第三方物流营销人才，他们能够运用物流知识进行物流企业的物流服务营销。

③ 物流规划咨询人才和物流研究人才主要是指有扎实的理论基础和渊博的知识，具有物流科技创新能力，并且知识面较宽的复合型物流管理、规划人才。

物流作为一种新型的管理技术，涉及的领域极其广泛，这就要求物流管理人员不但要熟悉整个工艺流程，而且要精通物流管理技术，掌握企业内物流管理以及向外延伸的整条供应链的管理等综合知识。现阶段，我国具备综合物流知识的管理人才和技术人才严重缺乏，不能满足企业物流现代化的需要。

2. 物流专业学生的培养与就业统计分析

1）人才培养状况

我国目前物流人才的培养主要是院校培养和社会培训。物流管理专业于1993年获教育部批准，1994年北京商学院、北京物资学院开始招生，1998年随着我国加入WTO和电商快递业的快速发展而不断扩大招生规模，有关资料显示，2022年787所高职高专院校开设了物流管理专业，135所院校开设了物流工程本科专业，104所院校招收物流工程与管理硕士，近千所中等专科学校开设了物流管理专业；物流从业人员在职教育已全面铺开，上岗资格培训人数日益增多。尽管近年来各高校及培训机构培养了大量的物流人才，然而从数量上还远远不能满足社会的需求，加之当前学校教育和行业培训都较偏重于理论教学，缺乏实践经验，毕业生所掌握的专业技能与企业需求还有较大的差距。这些都导致了物流人才供给与需求的矛盾。

物流教育随着经济的发展而发展。现有全国高职高专院校787所开设了物流管理专业，每年毕业人数约十万人，开设物流管理专业的院校集中在东南沿海地区，前三名为江苏省、广东省和山东省，与当地流通业发展程度成正比，反映了当地产业和经济的依从特征。

东南沿海经济发展带来物流人才的需求旺盛。以广西职业技术学院物流学院18年来的招生统计数据（如表1–6所示）来看，招生人数呈现波动上升趋势。

表1–6　广西职业技术学院物流学院18年来的招生统计数据

物流管理专业	男/人	女/人	合计/人
2004级	42	33	75
2005级	69	73	142
2006级	94	152	246
2007级	73	139	212
2008级	110	166	276
2009级	110	150	260
2010级	143	197	340
2011级	121	209	330
2012级	122	200	322
2013级	135	210	345
2014级	104	136	240
2015级	108	143	251
2016级	118	132	250

续表

物流管理专业	男/人	女/人	合计/人
2017 级	108	127	235
2018 级	108	112	220
2019 级	161	152	313
2020 级	128	182	359

所属专业大类（代码）	所属专业类（代码）	对应行业（代码）	主要职业类别（代码）	主要岗位类别（或技术领域）	职业技能等级证书（1+X 证书）
财经商贸大类（53）	物流类（5308）	（1）道路运输业（54）； （2）多式联运和运输代理业（58）； （3）装卸搬运与仓储业（59）	（1）管理（工业）工程技术人员（2-02-30）； （2）装卸搬运和运输代理服务人员（4-02-05）； （3）仓储人员（4-02-06）	（1）仓储主管； （2）运输主管； （3）物流销售主管； （4）物流客户服务主管； （5）物流项目运营主管	（1）物流管理职业技能等级证书（中级）； （2）供应链运营职业技能等级证书（中级）； （3）物流服务师

根据现代物流企业（行业）技术标准（或用人需求），物流管理专业毕业生面向仓储主管、运输主管等主要岗位，从事物流一线生产运营管理等相关工作。

广西职业技术学院通过对物流管理专业人才需求调研，以及与商贸企业、生产企业、物流企业座谈，明确了物流管理专业人才的职业面向、职业岗位、工作过程，通过讨论、分析并结合（企业）一线员工及中高层管理者的意见，对接行业企业最新职业要求及《物流服务师国家职业技能标准（2020 版）》，确定每个岗位的主要工作任务，并对任职要求进行分析，整合出具有物流管理专业特色的岗位群和典型工作任务，在此基础上进行职业能力归纳整合，确定与市场需求相适应的物流管理专业人才培养方案，构建具有职业教育特色的专业课程体系与对应能力架构，如图 1－5 所示。

2）就业状况

学生毕业后，大部分进入了著名物流企业，在核心岗位工作，薪资相对比较高，大部分毕业生连续在一个物流企业工作超过 5 年以上。2020 年物流行业热门职位年总现金收入如图 1－6 所示，2020 年物流行业应届毕业生起薪如图 1－7 所示。

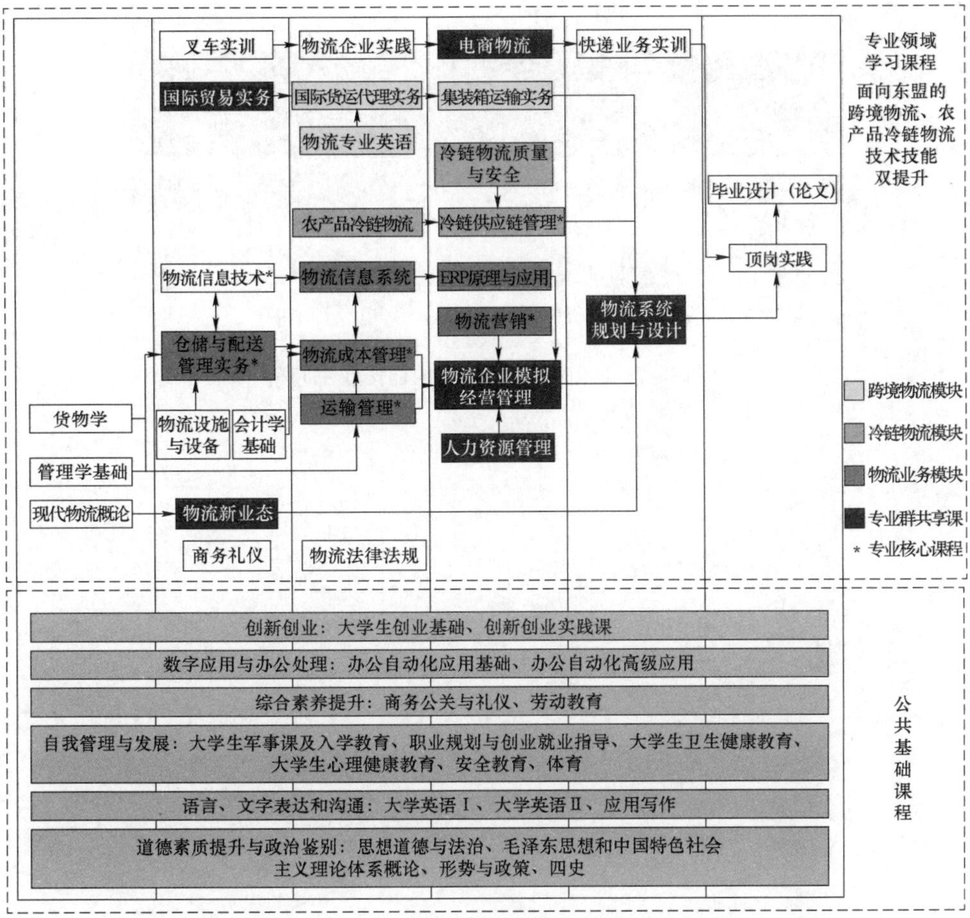

图1-5 课程体系拓扑图

单位：万元

热门职位	层级/级别	25分位	50分位	75分位
物流总监	总监层	30.8	44	51.1
物流经理	经理层	21.3	27.4	32.1
物流主管	主管层	13.5	16.8	21.5
仓储经理	经理层	20.3	27	33
集装箱管理经理	经理层	19	25	32.4
报关经理	经理层	21.9	28.6	33.7
海运操作经理	经理层	23.2	27.7	33
空运操作经理	经理层	22.9	28.9	34.4
陆运操作经理	经理层	22.3	27.3	31.5
单证经理	经理层	23.2	28.8	33.2
快递运营经理	经理层	19.8	22.6	28.1

图1-6 2020年物流行业热门职位年总现金收入

单位：元/月

职位类型	一线城市			二线城市		
	硕士	本科	专科	硕士	本科	专科
管理支持类	6 171	4 950	4 095	4 936	4 165	3 249
技术类	6 771	5 306	4 134	5 506	4 434	3 326
销售类	6 350	4 925	4 010	4 996	4 102	3 278
物流运营类	6 339	4 718	3 852	5 101	4 004	3 155

图 1-7　2020 年物流行业应届毕业生起薪

项目 2 职业病基本认知

任务 2.1 职业病危害因素简介

预习作业单

任务 2.1 职业病危害因素简介
预习时间________年_____月_____日至________年_____月_____日
预习知识点
预习技能目标
重点和难点预习情况
预习小结
预习自我评价

根据《生产过程危险和有害因素分类与代码》（GB/T 13861—2022），按可能导致生产过程中危险和有害因素的性质进行分类，生产过程危险和有害因素共分为四大类，分别是“人的因素”“物的因素”“环境因素”“管理因素”。职业病危害因素可以分为粉尘、化学因素、物理因素和生物因素四大类，如图 2－1 所示。

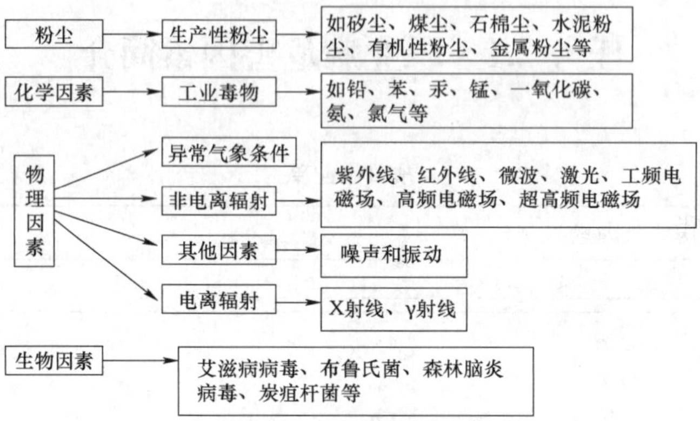

图 2－1　职业病危害因素

物流行业常见的职业病主要有：尘肺病、职业中毒、职业性皮肤病、职业性耳聋等，尤其是尘肺病，占所有职业病的 80%以上。常见的职业病危害因素有：粉尘、噪声、高温等。工作场所常见的不良物理因素有高温、高湿、低温、高气压、低气压、噪声、振动、超高频电磁场、高频电磁场、微波、紫外线、红外线、激光、X 射线、γ 射线等。

1. 粉尘

粉尘是物流企业中最常见的职业病危害因素，特别是运输型企业。物流企业作业场所空气中粉尘来源于固体物质，特别是粉末状物质在装卸、运送、搬运过程中因振动、落差、风吹等飘浮于作业场所。产生粉尘的工作场所主要有皮带转运站、装卸点、露天堆场、仓库内及道路，道路上的粉尘主要是因汽车和行人走动产生的扬尘。因此，每天应打扫作业场所，清洁生产，清扫机器上面的落尘、道路上的积尘，加强设备密闭、运输皮带密闭，采用湿式作业等。

2. 噪声

物流企业中同样大量存在噪声类职业病危害因素。物流生产过程中的包装、运输等作业环节都会产生噪声。

工作场所噪声强度达到 80 dB（A）的作业定为“噪声作业”。《工作场所有害因素职业接触限值　第 2 部分：物理因素》（GBZ 2.2—2007）规定，每周工作 5 d，每天工作 8 h，稳态噪声限值为 85 dB（A），非稳态噪声等效声级的限值为 85 dB（A）。

噪声对人体的危害是多方面的，听觉系统首当其冲，属于特异性损害。另外，噪声可通过中枢神经系统对心血管、消化系统、神经内分泌系统等，以及对精神、心理方面造成非特异性损害。噪声对人体的危害主要取决于噪声的频率、强度和暴露时间等。根据噪声作用于人体系统的不同，可分为听觉系统损害和非听觉系统损害。

噪声导致的职业病有噪声聋和爆震聋。由于听力损伤首先累及高频听力，而对语言交流没有障碍，所以一开始听力下降时很难被察觉，当发现听人讲话困难时为时已晚。噪声性听力损伤或耳聋到目前为止还没有有效的治疗方法，所以预防才是最重要的。

3. 生产性毒物

物流企业中同样存在生产性毒物，生产性毒物的接触机会主要有：

① 物料的搬运、储藏；

② 物料自身化学反应控制不当；

③ 管道、钢瓶泄漏；

④ 设备的保养、检修等。

当运输、搬运、储藏化学物质时，因密闭不严，管道跑、冒、滴、漏导致化学物质泄漏、蒸发或挥发，或者化学反应控制不当，或者进行设备保养、检修时，作业工人有可能接触到化学物质或者吸入空气中化学物质，有可能受到化学物质毒性的伤害。作业工人在生产过程中由于接触生产性毒物而引起的中毒称为职业中毒。

4. 高温

高温作业按照气象条件的特点可分为高温强热辐射作业、高温高湿作业和夏季露天作业三种类型。在夏季露天作业时，受到的高温辐射主要来源于太阳直接辐射，当运输和仓储的物流工作场所中平均 WBGT 指数大于或等于 25 ℃时，人体的产热和受热量持续大于散热量，容易导致机体热平衡失调、水盐代谢紊乱，严重时可引起中暑。根据临床表现，中暑可分为先兆中暑、轻症中暑、重症中暑。其中重症中暑又分为热痉挛、热衰竭和热射病。热射病是最严重的中暑类型。

5. 生产性振动

生产过程中的生产设备、工具产生的振动称为生产性振动。振动和噪声有着十分密切的联系，当振动频率在 20 Hz～2 kHz 的声频范围内时，振动源也就是噪声源。在物流行业中，存在振动危害的主要场所为驾驶室，还有一些捣固、锯、铆、锻等作业。

生产性振动主要是根据振动作用于人体部位来划分的，可分为手传振动和全身振动。

6. 生物因素

生产原料和生产环境中存在的对职业人群健康有害的致病微生物、寄生虫、昆虫和其他动植物，以及其所产生的生物活性物质统称为生物性有害因素，简称生物因素。生物因素主要包括布鲁氏菌、森林脑炎病毒、艾滋病病毒、炭疽杆菌等。

病原体中，以细菌和病毒的危害性最大。病原微生物指朊毒体、寄生虫（原虫、蠕虫、医学昆虫）、螺旋体、支原体、立克次体、衣原体、病毒。

病毒形体极其微小、形态各异（如图 2-2 所示），必须在电子显微镜下才能观察到，一般情况下它们都可通过细菌滤器。

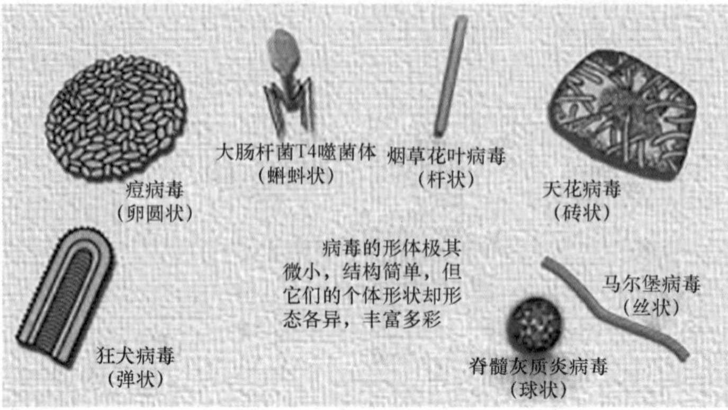

图 2–2　病毒的形态

细菌是一类形态微小（细胞直径约 0.5 μm，长度约 0.5～5 μm）、结构简单、细胞壁坚韧、以二等分裂方式繁殖的原核微生物，细菌细胞的个体形状一般为球状、杆状和螺旋状（如图 2–3 所示）。

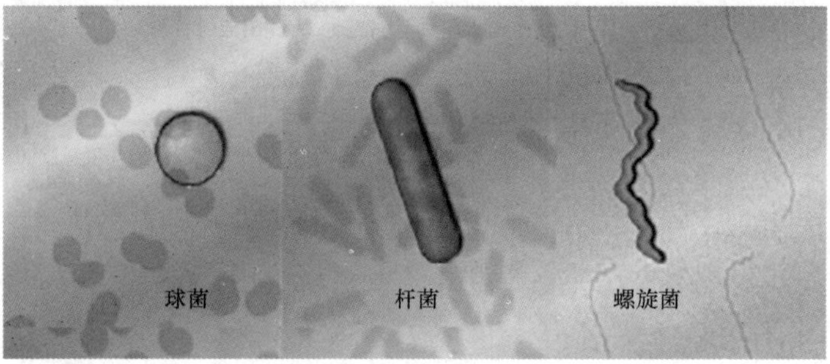

图 2–3　细菌的形状

7. 劳动过程中的有害因素

工作环境是劳动者操作、观察、管理生产活动所处的外环境，涉及作业场所的建筑布局、卫生防护、安全条件和设施设备等因素。

常见的不良因素主要有自然环境中的因素（如炎热季节的太阳辐射、深井的高温高湿等）、厂房建筑或布局不合理、不符合职业卫生标准（如通风不良、采光照明不足、有毒无毒工段同在一个车间等）、由不合理生产过程或不当管理所致环境污染。

物流企业案例

案例 1　某公司码头泊位

某公司码头泊位建设规模为 1 个 5 万 t 级件杂货泊位，货种为成品钢材（废钢），年通过能力为 79 万 t。

该码头泊位存在的主要职业病危害因素为噪声、高温（夏季）。在码头前沿装车时，门座式起重机吊起钢材时，钢材与车斗之间、钢材与钢材之间发生碰撞，会产生噪声。泊位装卸工露天作业，会受到夏季太阳辐射影响。

1. 防噪声设施

① 起重机操作室（如图 2–4 所示）密闭性好，相对隔声。

② 起重机室（如图 2–5 所示）有机械噪声，但工作期间起重机室一般无人员常驻，且密闭性较好，可有效降低噪声传播。

③ 定期为各类机械加油，做好维修保养，可减少因不良运行而产生的噪声。

④ 在起重机机臂工作范围内不允许人员流动，故其产生机械噪声处无工作岗位，无作业人员。

⑤ 自卸汽车驾驶密闭性好，相对隔声。

图 2–4　起重机操作室

图 2–5　起重机室

2. 防暑降温设施

① 起重机操作室、牵引车和平板车驾驶室设有空调（如图 2–6 所示），可用于夏季降温，同时能够进行通风换气。

② 码头后场装卸区有洒水车进行洒水，也起到一定的降温作用。

③ 码头后方布置有休息室/值班室，休息室内设有空调，有卫生间，有自来水可供洗脸降温，如图 2–7 所示。

图 2-6 空调

图 2-7 休息室/值班室

案例 2 某公司的散装平房仓作业

某公司新建 7 栋散装平房仓，每个散装平房仓轴线平面尺寸为 48 m×144.94 m，装粮高度为 6.5 m，仓容为 3.2 万 t。建设总仓容为 22.4 万 t。

1. 粮食储存输送主要作业流程

轮船来粮在码头装车后经过汽车短倒进仓。进仓作业线设备主要包括计量和输送设备。汽车来粮，经汽车衡计量后，用移动式汽车散料接收机接收，由移动式散包两用皮带机输送搭接，完成一定距离的水平输送，最后通过装载车或堆高挖掘机堆粮，使粮食堆高达到 6.5 m，完成散粮进仓作业。

1）平房仓进仓作业

码头来粮—汽车短倒（散粮）—汽车衡计量—直接入仓—仓内倾倒—装载车或堆高挖掘机进行仓内堆高。

2）粮食补仓工艺流程

补仓采用小型挖掘机堆高补仓。

3）粮食出仓工艺流程

① 装载车或堆高挖掘机将粮食直接装到汽车上出仓（仓内作业）；

② 装载车将粮食输送至皮带输送机（仓内），皮带输送机将粮食输送到仓外汽车；

③ 装载车将粮食输送至仓内皮带输送机，由皮带输送机输送到翻箱机（仓外）

进行粮食装箱，集装箱由汽车外运。

4）粮油检化验

平房仓均用于粮食中转，短期储存需确保粮食质量安全。入平房仓前，粮食必须符合国家粮食有关标准要求，严格控制入库粮食质量、储存品质和卫生指标，检验内容主要包括质量指标、储存品质指标和卫生指标。

2. 生产过程中的职业病危害因素

平房仓生产工艺过程中存在的主要职业病危害因素是玉米、大豆、油菜籽等散粮进、出仓时产生的粉尘（谷物粉尘）和噪声，生产过程中的职业病危害因素分布情况如表 2–1 所示。

表 2–1　平房仓生产工艺过程中产生的主要职业病危害因素及其分布情况表

<table>
<tr><th>职业病危害因素</th><th>产生的原因</th><th>存在的主要部位</th><th>影响人员</th></tr>
<tr><td rowspan="4">粉尘</td><td rowspan="3">堆积、装卸粮食时产生</td><td rowspan="3">平房仓</td><td>装载车司机</td></tr>
<tr><td>堆高挖掘机司机</td></tr>
<tr><td>皮带输送机司机</td></tr>
<tr><td>皮带输送机运行时逸散</td><td>皮带输送机转运点</td><td>输送皮带巡视人员</td></tr>
<tr><td rowspan="4">噪声</td><td rowspan="3">设备和风机运行</td><td rowspan="3">平房仓</td><td>装载车司机</td></tr>
<tr><td>堆高挖掘机司机</td></tr>
<tr><td>皮带输送机司机</td></tr>
<tr><td>皮带输送机运行、粮食落料</td><td>皮带输送机转运点</td><td>输送皮带巡视人员</td></tr>
</table>

3. 职业病防护设施

1）粉尘防护措施

① 普通平房仓进仓采用全皮带散粮输送系统，机械化、自动化程度高，可减轻工人劳动强度，缩短现场工作时间。

② 输送设备选用全封闭皮带机（单托辊皮带机）及自带除尘功能的多点卸料皮带机（移动犁式多点卸料皮带机），线速度低，运行平稳。

2）噪声防护措施

① 采用线速度较低、运行平稳的输送设备。

② 对震动大、噪声高的设备（如风机），设计减震、消声、吸声等措施：在支架下面安装橡胶减震器；在风机管道上加消声器以降低风机气流噪声；风机进出口采用软连接，以减少风管震动，降低设备噪声。

③ 溜管内粮流冲击的表面衬耐磨材料，减少磨损，降低噪声。

④ 对在高噪声环境工作的人员配备降噪耳塞。

⑤ 在柴油发电机房的排气系统上安装以下降噪设施：一级采用特殊多孔性吸声材料和一定结构形式的阻抗复合式的消声器，一级高效抗性消声器。

任务 2.2　职业病防控简介

预习作业单

任务 2.2　职业病防控简介
预习时间________年_____月_____日至________年_____月_____日
预习知识点
预习技能目标
重点和难点预习情况
预习小结
预习自我评价

2.2.1 职业病防控现状

我国职业健康事业快速发展，职业病防治工作取得了显著成效，主要表现在以下几方面：

一是法规标准体系和监管体制机制不断完善。全国人大常委会先后 4 次修正《职业病防治法》，目前已经形成较为完善的法律法规和标准体系；2018 年机构改革，整合职业健康监管职责，进一步理顺了监管体制，建立了国家、省、市、县四级职业病防治工作协调机制，形成了工作合力。

二是重点行业专项治理持续推进，组织开展尘肺病防治攻坚行动，实现了“摸清底数，加强预防，控制增量，保障存量”的工作目标，在矿山、冶金、建材等 19 个重点行业开展职业病危害专项治理。

三是技术服务和支撑能力显著提升，优化技术服务机构审批程序，基本形成了职业病监测评估、职业病危害工程防护、职业病诊断救治康复及专业技术服务相结合的技术支撑网络，建立了“地市诊断、县区体检、乡镇康复”的工作体系。

四是风险监测评估工作不断加强，将职业病防治纳入基本公共卫生服务项目，将全部职业病病种纳入职业病及职业病危害因素监测范围，监测县区覆盖率达 95% 以上，基本摸清了全国工业企业职业病危害总体状况和职业性尘肺病患者生存及保障情况，积极推动建立风险监测、精准监管、及时整改、持续改进的工作机制。

五是职业健康保护行动全面开展，大力开展《职业病防治法》宣传周等宣教活动，积极开展健康企业建设、争做“职业健康达人”系列活动。据介绍，近年来，尘肺病等重点职业病高发势头得到初步遏制，劳动者职业健康权益进一步得到保障。全国报告新发职业病病例数从 2012 年的 27 420 例下降至 2021 年 15 407 例，降幅达 43.8%；其中，报告新发职业性尘肺病病例数从 2012 年的 24 206 例下降至 2021 年的 11 809 例，降幅达 51.2%。

今后，职业健康治理体系将更加完善，职业病危害状况将明显好转，工作场所劳动条件将显著改善，劳动用工和劳动工时的管理将进一步规范，尘肺病等重点职业病将得到有效控制，职业健康服务能力和保障水平将不断提升，全社会职业健康意识将显著增强，劳动者的健康水平将进一步提高。职业病防控要从以治病为中心转变到以健康为中心，不仅要关注像尘肺病、职业中毒、噪声聋等传统的职业病防治，同时也要关注工作压力、心理健康等问题，以及肌肉骨骼系统疾病等工作相关疾病的预防，不仅要关注一线的“蓝领”职工，同时也要关注“白领”职工。

2.2.2 物流过程中的主要职业病危害因素

产生职业病危害的工作场所应设置相应的有效的职业病防护设施，制定管理制度，为作业人员提供符合职业卫生要求的工作环境和工作条件，为接触职业病危害的作业人员提供个人使用的职业病防护用品，建立、健全职业卫生档案和健康监护档案。物流过程中的主要职业病危害主要取决于物流物品，物流过程中的常见职业病危害主要有粉尘、化学毒物、高温（夏季太阳辐射）、噪声（各设施运转产生），如表 2-2 所示。

表 2-2　物流过程中常见的职业病危害

运输对象		主要职业病危害因素	可能导致的主要职业病	备注
一般物资	煤	煤尘、矽尘	尘肺、矽肺	
	木材	木粉尘	过敏性肺炎、哮喘	
	建材	水泥粉尘、矿石粉尘、其他粉尘	尘肺、矽肺	
	钢材	其他粉尘	尘肺、矽肺	
中药材	中药材	木粉尘、致病微生物	过敏性肺炎、哮喘	
油气	原油	原油、苯、甲苯、二甲苯、硫化氢	苯所致白血病、苯中毒、甲苯中毒、二甲苯中毒、硫化氢中毒、黑变病、痤疮、溃疡	
	成品油	成品油、苯、甲苯、二甲苯、硫化氢	苯所致白血病、苯中毒、甲苯中毒、二甲苯中毒、硫化氢中毒、黑变病、痤疮、溃疡	
	液化石油气（LPG）	LPG、低温	冻伤	低温常压储存
	液化天然气（LNG）	LNG、低温	冻伤	低温常压储存
农产品	粮食	有机粉尘	过敏性肺炎、哮喘	
	棉花	有机粉尘	过敏性肺炎、棉尘病、哮喘	
化学物质	苯类、醇类、酸类、酯类、脂类、酮类、醚类、酸及有机酸类、烃类等	苯、甲苯、二甲苯、乙酸乙酯、乙酸丁酯、各类酸、各类烃	苯所致的白血病、苯中毒、甲苯中毒、二甲苯中毒、乙酸乙酯中毒、乙酸丁酯中毒等各类化学物质中毒、接触性皮炎、化学性皮肤灼伤、化学性眼部灼伤、刺激性化学物所致慢性、阻塞性肺疾病	

续表

运输对象		主要职业病危害因素	可能导致的主要职业病	备注
化学物质	危险化学物质	氨、苯、苯酚、白磷、钡、苯胺等《危险化学物质目录》里的化学物质	中毒、化学性皮肤灼伤、化学性眼部灼伤、癌症	危险化学物质是指具有毒害、腐蚀、爆炸、燃烧、助燃等性质，对人体、设施、环境具有危害的剧毒化学物质和其他化学物质
	常见的强酸	HCl（盐酸）、H_2SO_4（硫酸）、HNO_3（硝酸）、HBr（氢溴酸）、HI（氢碘酸）等	化学性皮肤灼伤、化学性眼部灼伤、牙酸蚀病	
	常见的强碱	KOH（氢氧化钾）、$Ca(OH)_2$（氢氧化钙）、NaOH（氢氧化钠）、$Ba(OH)_2$（氢氧化钡）、CsOH（氢氧化铯）	化学性皮肤灼伤、化学性眼部灼伤	

2.2.3 物流过程中职业病危害因素防护措施

1. 粉尘的防护

消除、控制粉尘的措施如下：

① 危害源的控制，如将污染源密闭，将空气中粉尘浓度控制在国家标准范围内。

② 采取有效的个体防护措施，如佩戴防尘口罩、穿戴防护服等，在这个环节中，除了用人单位配备有效的防护用品外，劳动者本人还应正确、持续地使用。

③ 设置工作场所职业病危害警示标识。

经典的防尘措施为“八字方针”，即革、水、密、风、护、管、教、查。

2. 噪声的防护

① 消除、控制噪声源是最彻底也是最有效的防护措施，具体包括：改造噪声源、给噪声源安装具有吸声功能的围护物。

② 在噪声源和接收者之间设置隔音屏障，从而切断噪声的传播途径，也能有效地控制噪声。

③ 给劳动者配备耳塞、耳罩。

3. 其他危害因素的防护

作业场所除了粉尘、噪声，还有可能存在对人体有害的各种化学物质，如有毒气体和蒸汽，腐蚀气体、液体和固体等，还有高温、低温、振动等。

4. 警示标识

① 企业应按照有关规定和工作场所的安全风险特点，在有重大危险源、较大危

险因素和严重职业病危害因素的工作场所，设置明显的、符合有关规定的安全警示标识和职业病危害警示标识，安全警示标识和职业病危害警示标识应标明安全风险内容、危险程度、安全距离、防控办法、应急措施等内容。

② 在有重大隐患的工作场所和设备设施上，设置安全警示标识，标明治理责任、期限及应急措施。

③ 在有安全风险的工作岗位上，设置安全告知卡，告知作业人员本企业、本岗位的主要危险有害因素、后果、事故预防及应急措施、报告电话等内容。

5. 职业病危害检测与评价

企业应改善工作场所职业卫生条件，控制职业病危害因素浓（强）度不超过相关国家标准限值。

企业应对工作场所职业病危害因素进行日常监测，并保存监测记录。定期检测结果中职业病危害因素的浓度或强度超过职业接触限值的，企业应根据职业卫生技术服务机构提出的整改建议，结合本单位的实际情况，制定切实有效的整改方案，立即进行整改。整改落实情况应有明确的记录，并存入职业卫生档案备查。

6. 职业健康监护

职业健康监护是指通过各种医学检查和分析评价人群的健康状况及其影响因素，以便及时发现健康损害征象、采取相应的预防措施、防止病症的发生和发展。职业健康监护是企业的主体责任之一，监护的对象是企业的作业人员。

职业健康监护的内容，包括职业健康检查、禁忌证人员调岗、疑似病人确诊、职业病鉴定、职业病康复治疗、工伤赔偿以及上述过程中形成的职业健康监护档案的管理。

7. 个体防护装备

个体防护装备是指作业人员为防御物理、化学、生物等外界因素伤害所穿戴、配备和使用的各种护品的总称。个体防护装备包括九大类：头部防护用品、呼吸器官防护用品、眼（面）部防护用品、听觉器官防护用品、手部防护用品、足部防护用品、躯体防护用品、护肤用品、防坠落劳动防护用品。

知识拓展

了解《中华人民共和国职业病防治法》

为了预防、控制和消除职业病危害，防治职业病，保护劳动者健康及其相关权益，促进经济社会发展，根据宪法，制定了《中华人民共和国职业病防治法》。所谓职业病，是指企业、事业单位和个体经济组织等用人单位的劳动者在职业活动中，因接触粉尘、放射性物质和其他有毒、有害因素而引起的疾病。

首部《中华人民共和国职业病防治法》2001 年 10 月 27 日第九届全国人民代表大会常务委员会第二十四次会议通过，后来又进行了 4 次修正，具体是：根据 2011 年 12 月 31 日第十一届全国人民代表大会常务委员会第二十四次会议《关于修改〈中华人民共和国职业病防治法〉的决定》第一次修正；根据 2016 年 7 月 2 日第十二届全国人民代表大会常务委员会第二十一次会议《关于修改〈中华人民共和国节约能源法〉等六部法律的决定》第二次修正；根据 2017 年 11 月 4 日第十二届全国人民代表大会常务委员会第三十次会议《关于修改〈中华人民共和国会计法〉等十一部法律的决定》第三次修正；根据 2018 年 12 月 29 日第十三届全国人民代表大会常务委员会第七次会议《关于修改〈中华人民共和国劳动法〉等七部法律的决定》第四次修正。

扫描二维码，了解《中华人民共和国职业防治法》的全部内容。

项目实训

实训 1　物流企业职业卫生状况调研

1. 文献调研

同学自由组合，10 人以下一组，选择一家附近的物流企业，并对该企业开展文献调研，初步判断该企业的分级分类及有无职业病危害因素存在，按如下的例子形成个人的提案，在学习通上提交。

文献调研提案示例

单位：其物流集团

企业类型：仓储型物流

规模：生产设施：平房仓 2 栋，30 m×90 m，面积：5 535 m^2，容积 2.5 万 t。日发运能力 3 600 t，月发运能力 10.8 万 t，年发运能力 129.6 万 t。

仓储原料：大豆、小麦、玉米、高粱、白糖等。

项目存在的职业病危害因素为粉尘（谷物粉尘）、噪声，具体如表 2–3 所示。

表 2–3　仓储型物流的主要职业病危害因素

评价单元	工种	职业病危害因素	可能产生的职业病	定员及工作班制
上料装包	缝包机操作工、筛豆机操作工、上料工	粉尘、噪声	尘肺、噪声聋	单班制，每个工种 1 人
输送装车	皮带操作工	粉尘、噪声	尘肺、噪声聋	单班制，1 人
巡检	巡检员	粉尘、噪声	尘肺、噪声聋	4 班 3 运转，单班 1 人
叉车	叉车工	粉尘、噪声	尘肺、噪声聋	4 班 3 运转，单班 1～2 人

2. 问卷调查

分组，以小组为单位，组织讨论每位同学的提案，设计调查问卷备用，上传至学习通。

3. 实地考察

通过自己的观察和询问，了解企业的分类分级、核心生产岗位、涉害岗位及其分布、防控管理措施、防范意识，对企业员工和管理人员开展问卷调查，并回收调查问卷。以小组的形式，分析回收的问卷和照片等资料，判断该企业是否有职业卫生危害因素，形成实训报告上交。最后教师引导学生开展组间讨论，各组之间相互打分。

情景考评

学习完本情景之后，请根据自己的学习所得，结合下表所列内容进行评价打分。

<table>
<tr><th rowspan="2">评价内容</th><th colspan="3">评价方式</th><th rowspan="2">评价等级</th></tr>
<tr><th>自评</th><th>组评</th><th>师评</th></tr>
<tr><td>课前预习本情景的相关知识、相关资料</td><td></td><td></td><td></td><td>A. 充分
B. 一般
C. 不足</td></tr>
<tr><td>理解物流企业的定义与内涵</td><td></td><td></td><td></td><td>A. 充分
B. 一般
C. 不足</td></tr>
<tr><td>了解物流企业的分类与分级</td><td></td><td></td><td></td><td>A. 充分
B. 一般
C. 不足</td></tr>
<tr><td>了解职业病危害因素及其导致的职业病</td><td></td><td></td><td></td><td>A. 充分
B. 一般
C. 不足</td></tr>
<tr><td>掌握职业病防控，特别是个人防护用品的正确佩戴</td><td></td><td></td><td></td><td>A. 充分
B. 一般
C. 不足</td></tr>
<tr><td>开展问卷调查和实地考察的项目实践的情况</td><td></td><td></td><td></td><td>A. 充分
B. 一般
C. 不足</td></tr>
<tr><td>参加教学中的讨论，并积极完成相关任务</td><td></td><td></td><td></td><td>A. 充分
B. 一般
C. 不足</td></tr>
<tr><td>团队成员合作情况</td><td></td><td></td><td></td><td>A. 充分
B. 一般
C. 不足</td></tr>
<tr><td>学习态度、完成作业情况</td><td></td><td></td><td></td><td>A. 充分
B. 一般
C. 不足</td></tr>
<tr><td>总评</td><td colspan="4"></td></tr>
</table>

复习思考题

一、名词解释

1. 物流企业。

2. 职业病危害因素。

3. 职业病。

4. 职业病防护。

5. 个人防护装备。

二、简单题

1. 谈谈物流的起源及其历史沿革、发展现状和发展趋势。请找出广西规模最大的物流企业，并了解该企业的生产工艺流程和生产原辅料、是否存在涉及人身安全的工作场所。

2. 考虑一下，《物流企业分类与评估指标》（GB/T 19680—2013）的分类分级方法有什么优缺点？是否还有其他的分类方法？

3. 简述职业病防范措施。

4. 涉及职业卫生危害因素的物流企业主要有哪些？查阅《中华人民共和国职业病防治法》以及相关的案例分析、病例介绍等，有理有据地提交调研报告。

5. 想一想，除了物流企业之外，其他企业是否也存在职业病危害因素？你认为高职学生有必要在校期间学习职业病知识和防治技能吗？

6. “物流企业职业卫生概论”是一门科学性、法制性、社会性和实践性均很强的课程，根据这一课程的特点，简述在学校你将如何认真学习这门课程，将来到物流企业就业后将如何学以致用地在工作岗位防护自己与他人。

情景 2

职业病危害因素认知

本情景知识结构导图

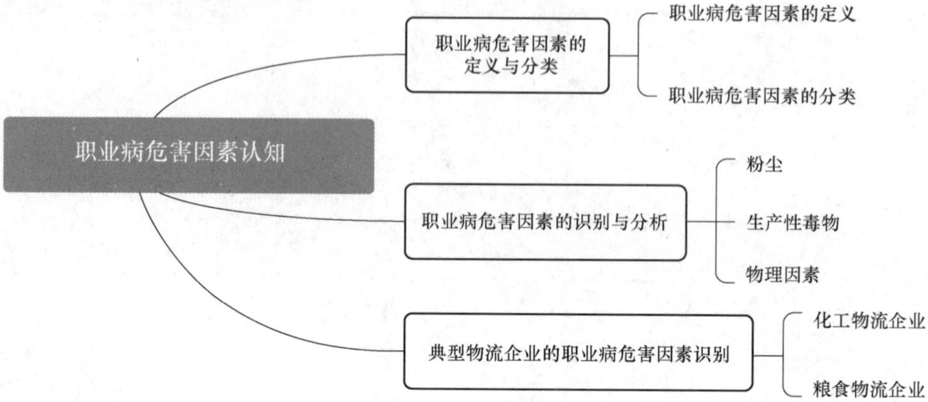

课前思考

疾病是由什么因素引起的？毕业后我们所就业的物流企业，其作业环境是否存在对健康不利的因素？

岗位要求

1. 掌握职业病危害因素的定义及分类。
2. 了解职业病危害因素的来源。
3. 了解职业病危害因素对人体的危害。
4. 培养劳动者对职业病危害因素的来源的识别能力。

学习目标

知识目标	1. 掌握职业病危害因素的定义与识别； 2. 了解粉尘、生产性毒物、物理因素对人体健康的影响； 3. 了解粉尘、生产性毒物、物理因素进入人体的途径； 4. 了解粉尘、生产性毒物、物理因素导致的职业病
技能目标	能够概述物流企业职业病危害因素的种类及其危害
素质目标	培养职业防护意识

学习重点、难点

学习重点	1. 职业卫生的重要性； 2. 分析、评估职业病危害因素的种类与防护
学习难点	判断、识别物流企业的职业病危害因素及其对身体器官的致病机理

项目 3　职业病危害因素的定义与分类

预习作业单

项目 3　职业病危害因素的定义与分类
预习时间________年_____月_____日至________年_____月_____日
预习知识点
预习技能目标
重点和难点预习情况
预习小结
预习自我评价

任务3.1 职业病危害因素的定义

职业病危害因素又称职业性有害因素，是指在职业活动中产生（或）存在的、可能对职业人群健康、安全和作业能力造成不良影响的因素或条件，包括化学、物理、生物等因素。

在生产劳动和工作环境中，存在着许多职业病有害因素，如粉尘、有毒有害化学物、高温、低温、噪声、振动、电离辐射和非电离辐射等。这些因素可以对人体健康带来不良影响，应当引起作业人员足够的重视。

长期接触职业病危害因素可以导致职业病或职业相关疾病，许多职业病目前还缺乏有效的治疗措施，一旦发生就无法治愈，如尘肺病、噪声聋、振动病等。一旦得病，不仅影响患者的生活质量，也影响社会的稳定与和谐。

职业病虽然无法治愈，但可以通过有效的手段加以预防，所以加强预防控制是关键。职业病预防控制手段如下：

① 危害源的控制，如辐射源、声源和热源的屏蔽，将这些危害因素控制在某一限度内或正常范围内。

② 采取有效的个体防护措施，如穿防护服、戴防护眼镜、耳塞或耳罩等。在这个环节中，除了用人单位配备有效的防护用品外，还需要劳动者本人的正确、持续使用。

③ 定期接受职业健康体检，尽早发现职业病、职业健康损害和职业禁忌证，及时采取干预措施，保护劳动者健康。

④ 遵守操作规程等。

采取有效的预防控制措施，可以减少这些有害因素所致职业病的发生，同时提高劳动者的个人保护意识，改变劳动者的不良作业方式，使劳动者养成良好的卫生习惯，保护自身健康。

任务 3.2　职业病危害因素的分类

职业病危害因素分类方法主要有两种：一是按照职业病危害因素来源分类；二是按照导致的法定职业病分类。

3.2.1　按职业病危害因素来源分类

1. 生产工艺过程中产生的职业病危害因素

生产工艺过程中产生的职业病危害因素包括化学因素、物理因素、生物因素。

1）化学因素

在生产中接触到的原料、中间产品、成品，以及生产过程中产生的废气、废水、废渣中的化学毒物均可对健康产生危害。化学性毒物以粉尘、烟尘、雾、蒸气或气体的形态散布于车间空气中，主要经呼吸道进入体内，还可经皮肤、消化道进入体内。

常见的化学职业病危害因素包括生产性毒物和生产性粉尘。

（1）生产性毒物。

生产性毒物包括金属、类金属及其化合物，刺激性气体，窒息性气体，有机化合物，高分子化合物，农药等。

① 金属、类金属及其化合物：铅、汞、镉、铬、镍、锰、铍、砷等及其化合物，金属烟热（镉、铬、镍、锰、砷、铅的氧化物）等。

② 刺激性气体：氯、氟、溴、碘、氟化物、三氯化砷、光气、溴甲烷、二氧化硫、二氧化氮、三氧化硫、铬酐、氯化氢、氟化氢、溴化氢、硫酸、盐酸、硝酸、氢氟酸、铬酸、氨、乙胺、甲醛、乙醛、丙烯醛、硫酸二甲酯等。

③ 窒息性气体：一氧化碳、二氧化碳、氰化物、硫化物、甲烷、氮气、乙烷、乙烯、苯的氨基或硝酸基化合物蒸气等。

④ 有机化合物：苯、甲苯、汽油、三氯甲烷、三氯乙烯、二氯乙烷、四氯化碳、苯胺、硝基苯、三硝基甲苯等。

⑤ 高分子化合物：在生产塑料、合成纤维、合成橡胶、黏合剂和离子交换树脂等高分子化合物时使用的有机单体，如氯乙烯、苯乙烯、丙烯腈、氯丁二烯、甲醛、苯酚、联苯醚等。

⑥ 农药：有机磷（对硫磷、乐果）、有机氯（毒杀芬、氯丹）、氨基甲酸酯类（西维因、呋喃丹）、有机氮（杀虫脒等）、拟除虫菊酯（溴氰菊酯、氯氰菊酯等）及其他成分的农药。

（2）生产性粉尘。

生产性粉尘包括无机粉尘和有机粉尘。

① 无机粉尘：石英、石棉、滑石粉、煤粉、金刚砂、水泥、金属（铁、锡、铝、锰、锌、铍等及其化合物）粉尘等。

② 有机粉尘：动物的毛、丝及骨质、角质等粉尘，植物的棉、亚麻、枯草、甘

蔗、谷物、木、茶等粉尘，化学生产及有机合成的有机农药、有机染料、合成树脂、合成橡胶、合成纤维等。

2）物理因素

常见的物理性职业病危害因素主要有异常气象条件（如高温、高湿、低温、高气压、低气压）、噪声、振动、非电离辐射（如超高频辐射、高频电磁场、微波、紫外线、红外线、激光等）、电离辐射（如 X 射线、γ 射线等）。此外，还包括以上未提及的可导致职业病的其他物理因素。

3）生物因素

生产原料和作业环境中存在的致病微生物或寄生虫，如艾滋病病毒、布鲁氏菌、森林脑炎病毒、炭疽杆菌等。此外，还包括以上未提及的可导致职业病的其他生物因素。

2. 劳动过程中的职业病危害因素

劳动过程是生产中劳动者为完成某项生产任务而进行的各种操作的总和，主要涉及劳动强度、劳动组织和操作方式等。

常见的职业病危害因素主要有不合理的劳动组织和作息制度、精神（心理）性职业紧张（如机动车驾驶）、劳动强度过大或生产定额不当（如安排的工作与生理状况不相适应等）、个别器官或系统过度紧张（如视力紧张、发音器官过度紧张等）、长时间处于不良体位、姿势或使用不合理的工具等。

3. 工作环境中的职业病危害因素

工作环境是劳动者操作、观察、管理生产活动所处的外环境，职业病危害因素涉及作业场所的建筑布局、卫生防护、安全条件和设施设备等因素。

常见的职业病危害因素主要有自然环境中的因素（如炎热季节的太阳辐射，深井的高温、高湿等）、厂房建筑布局不合理、不符合职业卫生标准（如通风不良、采光照明不足、有毒无毒工段同在一个车间等）、由不合理生产过程或不当管理所致环境污染。

3.2.2 按导致的法定职业病分类

在 2013 年 12 月国家卫生计生委等四部门联合印发的《职业病分类和目录》（国卫疾控发〔2013〕48 号）中，将职业病危害因素按导致的法定职业病的种类分为 10 大类，导致这 10 类职业病的危害因素如下：

1. 导致职业性尘肺病及其他呼吸系统疾病的危害因素

一般是粉尘类。如矽尘、工尘、石墨尘、碳黑尘、石棉、滑石尘、水泥尘、云母尘、陶工尘、铝尘、电焊烟尘、铸造粉尘等。

2. 导致职业性皮肤病的危害因素

如铬、强酸、强碱、三氯甲烷、煤焦沥青、有机溶剂等。

3. 导致职业性眼病的危害因素

如强酸、强碱、刺激性化合物、紫外辐射、电离辐射、三硝基甲苯、高温、激光等。

4. 导致职业性耳鼻喉口腔疾病的危害因素

如噪声、铬（铬鼻病）、酸雾（牙酸蚀病）等。

5. 导致职业性化学中毒的危害因素

如金属、类金属及其化合物、刺激性气体、窒息性气体、有机化合物、高分子化合物，以及生产中产生的毒物、农药等。

6. 导致物理因素所致职业病的危害因素

如高温、高湿、低温、高气压、低气压、噪声、振动、激光等。

7. 导致职业性放射性疾病的危害因素

如 X 射线、γ 射线等电离辐射。

8. 导致职业性传染病的危害因素

如艾滋病病毒、布鲁氏菌、森林脑炎病毒、炭疽杆菌等。

9. 导致职业性肿瘤的危害因素

如石棉、联苯胺、萘胺、氯甲醚、苯、砷、氯乙烯、铬等。

10. 导致其他职业病的危害因素

如金屑加热过程中释放出的大量新生成的金屑氧化物粒子、不良体位等。

项目 4　职业病危害因素的识别与分析

任务 4.1　粉　　尘

预习作业单

任务 4.1　粉尘
预习时间________年_____月_____日至________年_____月_____日
预习知识点
预习技能目标
重点和难点预习情况
预习小结
预习自我评价

4.1.1　粉尘的定义和产生粉尘的工作场所

1. 粉尘

粉尘是指能长时间飘浮在空气中的固体微粒，其粒径多为 0.1～10 μm。粉尘是污染环境、影响劳动者健康的重要因素，与生产过程有关的粉尘叫作生产性粉尘。生产性粉尘对人体有多方面的不良影响，尤其是含有游离二氧化硅的粉尘，能引起严重的尘肺职业病。

2. 产生粉尘的工作场所

工作场所指劳动者进行职业活动的所有地点，包括建设单位施工场所。物流企业工作场所空气中的粉尘主要来源于固体物质，特别是粉末状物质在装卸、运输、搬运过程中因振动、落差、风吹等飘浮于作业场所的粉尘及扬尘。

产生粉尘的工作场所主要有皮带转运站、装卸点、露天堆场、仓库内及道路，道路粉尘主要是因汽车和行人走动产生的扬尘。因此，每天应打扫作业场所，清扫机器上面的落尘、道路积尘，加强设备密闭性、运输皮带密闭性，采用清洁生产、湿式作业方式等。

4.1.2　粉尘分类及其浓度的分析评价

1. 粉尘分类

根据生产性粉尘的性质可将其分为 3 类：

① 无机性粉尘，如硅石、石棉、铁、锡、铝、水泥、金刚砂等。

② 有机性粉尘，如棉、麻、面粉、木材、骨质、炸药、人造纤维等。

③ 混合性粉尘，如煤矽尘等。

不同种类的粉尘由于其密度和形状不同，同一粒径的粉尘在空气中的沉降速度不同，为了互相比较，引入空气动力学直径。粉尘粒子的空气动力学直径（aerodynamic equivalent diameter，AED）是指某一种类的粉尘粒子，不论其形状、大小和密度如何，当它在空气中的沉降速度与一种密度为 1 的球形粒子的沉降速度一样时，则这种球形粒子的直径即为该种粉尘粒子的空气动力学直径。

按粉尘粒子空气动力学直径不同可将粉尘分为可见粉尘（AED＞10 μm）、显微粉尘（AED 为 0.1～10 μm）、超显微粉尘（AED 为 0.001～0.1 μm）。同一空气动力学直径的粉尘粒子，在空气中具有相同的沉降速度和悬浮时间，并趋向于沉降在人体呼吸道内的相同区域。一般认为，AED＜15 μm 的粒子可进入呼吸道，其中 AED 为 10～15 μm 的粒子主要沉积在上呼吸道，因此把 AED＜15 μm 的粒子称为可吸入性粉尘。AED＜5 μm 的粉尘可以到达呼吸道深部和肺泡区，称为呼吸性粉尘。AED＞15 μm 的粉尘称为非吸入性粉尘。AED 越小，悬浮时间越长，被吸入体内的可能性越大。粉尘在人呼吸道沉降的部位分类如

图 4－1 所示。

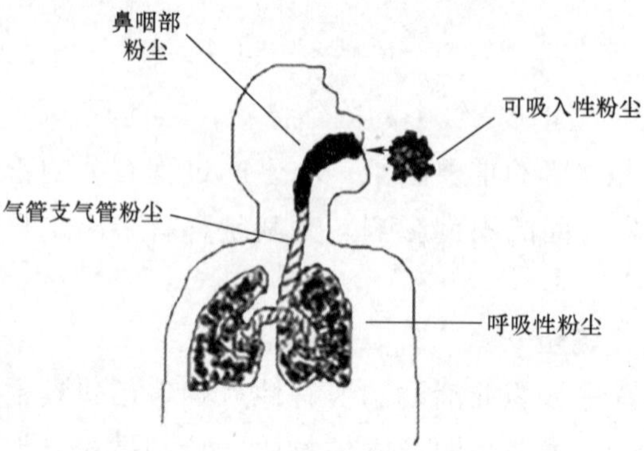

图 4－1　粉尘在人呼吸道沉降的部位分类

2. 粉尘浓度的分析评价

《工作场所有害因素职业接触限值　第 1 部分：化学有害因素》（GBZ 2.1—2019/XG1—2022）规定了工作场所空气中 49 种粉尘职业接触限值。当按规范采样、检测到的作业场所空气中粉尘浓度超过职业接触限值时，该作业场所空气中粉尘浓度超标。

职业接触限值（occupational exposure limits，OELs）是工作场所有害因素职业接触限值。制定工作场所化学有害因素职业接触限值的目的是指导企业采取预防控制措施，避免劳动者在职业活动过程中因过度接触化学有害因素而导致不良健康效应。但是工作场所化学有害因素 OELs 是基于科学性和可行性制定的工作场所职业病危害因素控制指南，是健康劳动者在特定时间内容许接触某种浓度的危害物且风险很小的容许剂量，所规定的限值不能理解为“安全”与“不安全”的精确界限。对有害物质的易感性因人而异，即使职业接触水平在容许浓度以下，也有人可能会出现不良健康效应，或者出现不能防止职业病发生等情况。因此，在观察到劳动者出现某些健康异常时，不能把未超过 OEL 作为职业病诊断与鉴定的唯一依据。《工作场所有害因素职业接触限值　第 1 部分：化学有害因素》（GBZ 2.1—2019/XG1—2022）中职业接触限值有备注的粉尘类型如表 4－1 所示。

表 4－1　职业接触限值有备注的粉尘类型

序号	中文名	时间加权平均容许浓度/（mg/m^3）		临界不良健康效应	备注
		总尘	呼尘		
1	电焊烟尘	4	—	电焊工尘肺	G2B
2	二氧化钛粉尘	8	—	下呼吸道刺激	G2B
3	沸石粉尘	5	—	尘肺病，肺癌	G1
4	工业酶混合尘	2	—	皮肤、眼、上呼吸道刺激	敏

续表

序号	中文名	时间加权平均容许浓度/（mg/m^3）		临界不良健康效应	备注
		总尘	呼尘		
5	谷物粉尘（游离 SiO_2 含量＜10%）	4	—	上呼吸道刺激，尘肺，过敏性哮喘	敏
6	木粉尘（硬）	3	—	皮炎、鼻炎、结膜炎，哮喘、外源性过敏性肺炎，鼻咽癌，等	G1，敏
7	皮毛粉尘	8	—	过敏性肺泡炎，支气管哮喘	敏
8	石棉（石棉含量＞10%） 粉尘 纤维	 0.8 0.8 f/m^3	 — —	石棉肺，肺癌、间皮瘤	G1
9	炭黑粉尘	4	—	炭黑尘肺	G2B
10	矽尘 10%≤游离 SiO_2 含量≤50% 50%＜游离 SiO_2 含量≤80% 游离 SiO_2 含量＞80%	 1 0.7 0.5	 0.7 0.3 0.2	矽肺	G1（结晶型）
11	洗衣粉混合尘	1	—	皮肤、眼和上呼吸道刺激，致敏	敏

1）致敏作用

表 4-1“备注”栏中有“敏”标识的粉尘，是指已有的人或动物资料证实该物质可能具有致敏作用，但并不表示确定该物质 PC-TWA 值大小依据的临界不良健康效应是致敏作用，也不表示致敏作用是制定其 PC-TWA 值的唯一依据；“标注”栏中无“敏”标识的物质并不表示该物质没有致敏能力，只反映目前尚缺乏科学证据或尚未定论。

避免接触致敏物及其结构类似物，可减少个体过敏反应的发生。接触致敏物，即使浓度很低，易感个体也可能产生疾病症状。对某些敏感的个体，防止其特异性免疫反应的唯一方法是完全避免接触致敏物及其结构类似物，应通过工程控制措施和个人防护用品有效地减少或消除接触。只有很少的人会因为接触而产生致敏，应通过上岗前职业健康检查筛检出易感人群。对工作中接触已知致敏物的劳动者，应进行教育和培训（如检查潜在的健康效应，进行安全操作规程及应急知识培训）。应定期进行职业健康监护，尽早发现特异易感者，并及时将其调离接触岗位。表 4-1“备注”栏有“敏”标识的粉尘有工业酶混合尘、谷物粉尘、木粉尘（硬）、皮毛粉尘、洗衣粉混合尘，这些粉尘可能具有致敏作用。

2）致癌作用

表 4–1 中的致癌性标识按国际癌症研究组织（IARC）分级，并作为参考性资料。化学物质的致癌性证据来自流行病学、毒理学和机理研究。IARC 根据化学物对人致癌性的证据，将潜在化学致癌性物质分类为：对人致癌（G1）、对人可能致癌（G2A）、对人可疑致癌（G2B）、尚不能分类为对人致癌（G3）和可能对人无致癌性（G4）。根据实际情况，《工作场所有害因素职业接触限值　第 1 部分：化学有害因素》（GBZ 2.1—2019）采纳 IARC 的致癌性分级标识 G1、G2A、G2B 并在“备注”栏内分别标注，并将其作为职业病危害预防控制的参考。

对于标有致癌性标识以及有可能损伤基因的化学物质，应采取最先进的技术措施与个人防护，以减少接触机会，尽可能保持最低的接触水平。表 4–1 “备注”栏有“G1”标识的粉尘有沸石粉尘、木粉尘（硬）、石棉、矽尘，这些粉尘对人有致癌性。表 4–1“备注”栏有“G2B”标识的粉尘有电焊烟尘、二氧化钛粉尘、炭黑粉尘，这些粉尘对人有可疑致癌性。

4.1.3　粉尘对身体器官的致病机理

1. 粉尘在人体内的沉积和清除

粉尘进入人体后，会在呼吸道内沉积，人体对粉尘会产生一系列的防御和清除等应激反应，未清除出呼吸道的粉尘会给人体带来致病性影响。

1）粉尘在呼吸道的沉积

粉尘经呼吸道吸入人体后，主要通过撞击、重力沉积、弥散、静电沉积、截留等运动而沉降在从鼻腔到肺泡各个部位。粒径较大的粉尘在大的气道分叉处可通过撞击和重力沉降而沉积，粒径较小的粉尘主要通过截留作用而沉积。影响粉尘在呼吸道沉积的主要因素是尘粒的大小、形状、密度，以及空气的流向、流速等，不同粒径的粉尘在呼吸道不同部位沉积的比例也不同。

2）呼吸道对粉尘的清除

（1）鼻咽部和气管的阻留作用。

粉尘随气流进入人体后沉积在呼吸道表面，呼吸道平滑肌的异物反应性收缩可使气道截面积缩小，减少含有粉尘的气流进入，并可产生咳嗽和喷嚏等反射，排出粉尘。

（2）气管上皮黏液纤毛系统的排出作用。

气管上皮细胞表面的纤毛和覆盖在其上面的黏液组成黏液纤毛系统。正常情况下，阻留在气管内的粉尘黏附在表面的黏液层上，纤毛向咽喉部位有规律地摆动，将黏液层中的粉尘通过气管黏膜所分泌的痰液将尘粒排出体外，这种方式称为气管排出。如果长期大量吸入粉尘，黏液纤毛系统的功能和结构遭到损害，粉尘清除能力大大降低，从而导致粉尘在呼吸道滞留。

（3）肺泡巨噬细胞的吞噬作用。

进入到肺泡内的尘粒，被肺泡巨噬细胞吞噬，形成尘细胞。大部分尘细胞通过阿米巴样运动及肺泡的舒张转移至纤毛上皮表面，再通过纤毛运动而清除。小部分尘细胞因粉尘作用受损、坏死、崩解，尘粒游离后再被巨噬细胞吞噬，如此循环往复，这种方式称为肺清除。

经过上述清除作用，可以清除进入人体内的尘粒的 97%～99%，只有大约 1%～3%的尘粒沉积在体内。如果长期吸入粉尘，则会削弱上述各项粉尘清除功能，导致粉尘过量沉积，酿成肺组织病变，引起疾病。

2. 粉尘对健康的影响

所有粉尘颗粒对人体都是有害的，不同特性的生产性粉尘，可能引起机体不同部位及不同程度的损害。如可溶性有毒粉尘进入呼吸道后，能很快被吸入血液，引起中毒作用；某些硬质粉尘可机械性损伤角膜和结膜，引起角膜混浊和结膜炎等；当粉尘堵塞皮脂腺和机械性刺激皮肤时，可引起粉刺、毛囊炎、脓皮病及皮肤皲裂等。

生产性粉尘对机体的损害是多方面的，直接的健康损害以呼吸道为主，局部以刺激和炎性作用为主。损害主要有：

① 致纤维化作用——尘肺；

② 局部作用；

③ 致敏作用；

④ 致癌作用；

⑤ 感染作用；

⑥ 全身作用。

其中，对机体影响最大的是呼吸系统损害，包括尘肺、粉尘沉着症、呼吸道炎症和呼吸系统肿瘤等疾病。

尘肺病是由于在职业活动中长期吸入生产性粉尘而引起的以肺组织纤维化为主的全身性疾病。其特征是肺内有粉尘阻留并有胶原型纤维增生和肺组织反应，肺泡结构被永久性破坏。据统计，尘肺病例约占我国职业病总人数的 80%以上。矽肺是在生产过程中因长期吸入含有游离 SiO_2 粉尘达到一定量引起的以肺部组织纤维化为主的疾病。矽肺是尘肺中进展最快、最为严重、最常见和影响面最广的一种职业病，是危害我国劳动者健康的最主要的职业病之一。

粉尘中游离 SiO_2 的含量越大，引起病变就越严重，病变发展速度就越快。如游离 SiO_2 含量超过 70%的粉尘，往往形成以结节为主的弥漫性纤维化病变，病程进展较快，且结节易融合；游离 SiO_2 含量低于 10%的粉尘所引起的肺内病变，则以间质纤维化为主，发展较慢，且不易融合。

如果粉尘长期滞留在细支气管与肺泡内，即使病人脱离粉尘作业场所，病变也会继续发展。SiO_2 含量较高的粉尘常见的有砂、陶瓷粉尘、耐火材料粉尘、煤尘等。

有些有毒粉尘侵入人体后，与人体组织发生物理化学或生物化学作用，会破坏人体的正常生理机能，引起功能性或器质性病变，即中毒。中毒的方式有以下几种：

① 局部刺激和腐蚀作用；

② 阻止氧的吸收、运输和利用；

③ 抑制酶系统的活性；

④ 干扰人体免疫功能；

⑤ 改变细胞膜通透性，影响细胞的营养和代谢。常见的有毒粉尘是农药和锰尘。

4.1.4　粉尘导致的职业病

生产性粉尘对人体有多方面的不良影响，尤其是含有游离 SiO_2 的粉尘，能引起严重的职业病尘肺。物流企业的常见粉尘可引起尘肺病及其他呼吸系统疾病、职业性化学中毒、肿瘤等。

1. 尘肺病

尘肺病是由于在职业活动中长期吸入生产性粉尘，并在肺内滞留而引起的肺组织发生的弥漫性、进行性纤维组织增生性疾病，是职业病的一种。 尘肺是职业性疾病中影响面最广、危害最严重的一类疾病。根据我国目前的《职业病分类和目录》（国卫疾控发〔2013〕48 号），尘肺病有 13 种。部分尘肺病引起的肺部改变如图 4-2 所示。

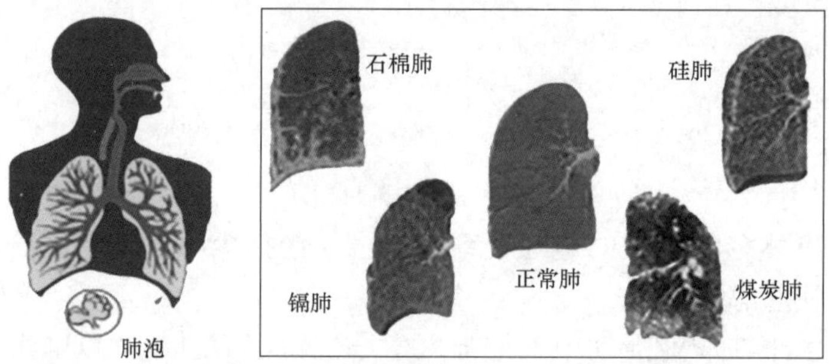

图 4-2　部分尘肺病引起的肺部改变

2. 有机粉尘引起的肺部疾病

在某些物流作业环境中，有可能接触到有机粉尘。

有机粉尘按其来源可分为植物性粉尘、动物性粉尘和人工合成有机粉尘。有机粉尘中常夹杂有游离 SiO_2、各种微生物、聚合物单体等物质，这些物质可增加有机粉尘的危害。在储存、运输有棉毛麻、蚕丝、木材、烟草、茶、皮毛塑料、合成橡胶、合成纤维、有机染料、粮食、饲料等物料时，这些物料有可能产生粉尘，这些粉尘为有机粉尘。作业人员都可能接触到这些有机粉尘。

有机粉尘的生物学作用不同于无机粉尘，有机粉尘可引起多种肺部疾病，如棉尘病、过敏性肺炎、哮喘等，如棉尘病。

棉尘病是由于工作人员长期吸入棉、麻、软大麻等植物性粉尘引起的，多在周末或放假休息后再工作时发病，是以支气管痉挛、气道阻塞为主的疾病，又称“星期一热”。棉尘病在临床上具有特征性的胸部紧缩感、胸闷、气短，可伴有咳嗽，偶有咳痰，并有急性通气功能下降，长期反复发作可导致慢性通气功能损害，但肺部病理并无类似尘肺的纤维化改变。

吸入带有霉菌孢子的植物性粉尘，如草料尘、粮谷尘、蔗渣尘等，可能会引起过敏性肺炎。

3. 中毒

吸附或者含有可溶性有毒物质的粉尘，如含铅、砷、锰等，可很快在呼吸道黏膜上溶解吸收，导致中毒，中毒者会呈现出相应毒物的急性中毒症状。粉尘粒径越小，其比表面积越大，吸附的化学物质越多，可能引起的健康危害更大，如以粉末形式存在的农药，可引起农药中毒，锰尘可引起锰及其化合物中毒。

4. 肿瘤

某些粉尘本身是或者含有人类肯定致癌物，如石棉、游离 SiO_2、镍、铬、砷等是国际癌症研究中心提出的人类肯定致癌物，含有这些物质的粉尘就有可能引发呼吸系统和其他系统肿瘤，如石棉可致肺癌和间皮瘤等。

粉尘引起的尘肺病与恶性肿瘤目前尚无根治办法，有些尘肺病是离开岗位很多年才发生的。在粉尘浓度高的情况下，3 个月即可发病，因此预防最重要。

任务 4.2　生产性毒物

预习作业单

任务 4.2　生产性毒物
预习时间________年______月______日至________年______月______日
预习知识点
预习技能目标
重点和难点预习情况
预习小结
预习自我评价

4.2.1 生产性毒物进入人体的途径

1. 生产性毒物的接触机会

化学物质存在形态有固态、液态、气态、气溶胶。生产性毒物的接触机会主要有：

① 物料的搬运、储藏；

② 物料自身化学反应控制不当；

③ 管道、钢瓶泄漏；

④ 设备的保养、检修等。

当运输、搬运、储藏化学物质时，因密闭不严，管道跑、冒、滴、漏导致化学物质泄漏、蒸发或挥发，或者化学反应控制不当，或者进行设备保养、检修时，作业工人都有可能接触到化学物质或者吸入空气中的化学物质。作业工人在生产过程中由于接触生产性毒物而引起的中毒称为职业中毒。

2. 生产性毒物进入人体的 3 种途径

生产性毒物进入人体的途径主要有 3 种：呼吸道、皮肤和消化道。

（1）呼吸道是毒物进入人体的主要途径，呈气体、蒸气、气溶胶状态的毒物可经呼吸道进入体内。因肺泡呼吸膜极薄，扩散面积大（50～100 m^2），供血丰富，大部分生产性毒物均由此途径进入人体，进而导致中毒。经呼吸道进入人体的毒物，未经肝脏的生物转化解毒过程即直接进入大循环并分布于全身，故其毒发作用比较快。毒物的粒子大小、水溶性，毒物在肺泡气与血浆中的分压差、血/气分配系数，呼吸的深度和速度，循环速度，以及环境条件、气温、湿度等条件均会影响毒物进入人体的量。

（2）皮肤对外来化合物具有屏障作用，但有不少外来化合物可经皮肤吸收。毒物通过皮肤进入人体主要有两种途径：一是通过表皮屏障—真皮—血液循环；二是通过汗腺、毛囊与皮脂腺绕过表皮屏障—真皮。当皮肤有病损或遭腐蚀性毒物损伤时，原本难经完整皮肤吸收的毒物也能经皮肤进入。接触皮肤的部位和面积、毒物的浓度和黏稠度、生产环境的温度和湿度等因素均可影响毒物经皮肤吸收的数量。

（3）毒物通过消化道进入人体主要通过 3 种途径：一是经咽部吞咽，二是随吸烟、饮食进入，三是意外事故，即事故性误服。

4.2.2 生产性毒物的分类及其对健康的影响

1. 生产性毒物的分类

化学物质毒性通常是指化学毒物固有的能引起机体损伤的能力，一般来说它与进入体内的量成正比；而危险度则表示某种化学毒物对单个机体或群体所致有害作用出现的预期频率。毒物的急性毒性可按 LD_{50} 或 LC_{50} 来分级。LD_{50} 是半数致死量，LC_{50} 是半数致死浓度，即引起实验染毒动物半数死亡的毒物剂量或浓度。一般可按 LD_{50} 将毒物分为剧毒、高毒、中毒、低毒、微毒等五级。

根据《高毒物品目录》（卫法监发〔2003〕142 号）规定，高毒物质共有 54 种：

N－甲基苯胺；N－异丙基苯胺；氨；苯；苯胺；丙烯酰胺；丙烯腈；对硝基苯胺；对硝基氯苯/二硝基氯苯；二苯胺；二甲基苯胺；二硫化碳；二氯代乙炔；二硝基苯（全部异构体）；二硝基（甲）苯；二氧化（一）氮；甲苯－2，4－二异氰酸酯（TDI）；氟化氢；氟及其化合物（不含氟化氢）；镉及其化合物；铬及其化合物；汞；碳酰氯；黄磷；甲（基）肼；甲醛；焦炉逸散物；肼，联氨；可溶性镍化物；磷化氢，膦；硫化氢；硫酸二甲酯；氯化汞；氯化萘；氯甲基醚；氯，氯气；氯乙烯，乙烯基氯；锰化合物（锰尘、锰烟）；镍与难溶性镍化物；铍及其化合物；偏二甲基肼；铅：尘/烟；氰化氢；氰化物；三硝基甲苯；砷化（三）氢，胂；石棉总尘/纤维；铊及其可溶化合物；（四）羰基镍；锑及其化合物；五氧化二钒烟尘；硝基苯；一氧化碳。

2. 生产性毒物对健康的影响

由于生产性毒物的毒性、接触浓度、接触时间、个体差异等因素的影响，职业中毒可表现为3种临床类型：

① 急性中毒。指毒物一次或短时间（几分钟或数小时）内大量进入人体而引起的中毒，如急性苯中毒、氯气中毒等。

② 慢性中毒。指毒物少量长期进入人体而引起的中毒，如慢性铅中毒、锰中毒等。

③ 亚急性中毒。发病情况介于急性和慢性之间。此外，脱离接触毒物一定时间后，才出现临床中毒病变，称为迟发性中毒，如一氧化碳中毒等。毒物或其代谢产物在体内超过正常范围，但无该毒物所致临床表现，呈亚临床状态，称毒物的吸收，如铅吸收。

由于毒物本身的毒性和毒作用特点、接触剂量等各不相同，职业中毒的临床表现多种多样，尤其是多种毒物同时作用于机体时更为复杂，可涉及全身各个系统，出现多脏器损害。化学毒物对人体的损害类别主要分为以下10种。

1）神经系统

许多毒物可选择性损害神经系统，尤其是中枢神经系统对毒物更为敏感，以中枢和周围神经系统为主要毒作用靶器官或靶器官之一的化学物质统称为神经毒物。短时间内接触过量化学毒物可引起中枢神经系统功能和结构的改变，主要表现为中毒性脑病，致病化学毒物有铅、锰、汞、铊、苯及其化合物、汽油、二硫化碳、二氯乙烷、三氯乙烯等。周围神经系统的病变起病急，发展快，表现为肢体远端对称性感觉，运动障碍及腱反射的减退或消失，或伴有植物神经功能的障碍，致病化学毒物有砷、铊、三邻甲苯磷酸酯、甲胺磷等。

2）呼吸系统

呼吸系统是毒物进入机体的主要途径，最容易遭受气态毒物的损害。引起呼吸系统损害的生产性毒物主要是刺激性气体，如氯气、光气、氮氧化物、二氧化硫、硫酸二甲酯等，可引起急性中毒性咽喉炎、气管炎、支气管炎、支气管肺炎，严重时，可产生急性喉阻塞、急性肺水肿、呼吸窘迫综合征。

3）血液系统

毒物吸收是指毒物经各种途径进入血液。许多毒物对血液系统具有毒害作用，或分别或同时引起造血功能抑制、血细胞损害、血红蛋白变性、出血凝血机制障碍等。常见病症主要有中毒性高铁血红蛋白血症、中毒性硫化血红蛋白血症、中毒性溶血、中毒性粒细胞缺乏症等，致病化学毒物有亚硝酸盐、苯胺等。

4）生殖系统

毒物对生殖系统的毒害作用包括对接触者本人的生殖系统以及对子代发育过程的不良影响，包括生殖毒性和发育毒性。例如，铅、镉、汞等重金属可损害男性睾丸的生精过程，导致精子数量减少，畸形率增加，活动能力减弱；使女性月经先兆症状发生率增高，引起月经周期和经期异常、痛经及月经血量改变。

5）消化系统

消化系统是毒物吸收、生物转化、排出和经肠肝循环再吸收的场所，许多生产性毒物可损害消化系统。肝脏是大部分化学毒物进行生物转化的器官。黄磷、三氧化二砷、磷化氢、四氯化碳、苯胺类等可引起中毒性肝损害，铅中毒、铊中毒时可出现腹绞痛，接触汞、酸雾等物质可引起口腔炎。

6）泌尿系统

肾脏是毒物最主要的排泄器官，也是许多化学物质的贮存器官之一，因此泌尿系统尤其是肾脏成为许多毒物的靶器官。化学毒物引起的肾组织损害主要是肾小管的损害，主要化学毒物有汞、砷、镉、铬、钡、四氯化碳等。

7）循环系统

毒物可引起心血管系统损害。例如，许多金属毒物和有机溶剂可直接损害心肌，如铊、四氯化碳等。又如，一氧化碳、二氧化碳、硫化氢、氰化物、汞、砷等对心血管有毒性或继发于其他中毒性损伤。

8）眼部损害

毒物可引起多种眼部病变。例如，接触气态、液态或固态刺激性、腐蚀性化学毒物，会造成眼部组织的腐蚀性损害，如硫酸、氢氧化钠等。又如，三硝基甲苯、二硝基酚可致白内障，甲醇可致视神经炎、视网膜水肿、视神经萎缩，甚至失明等。

9）皮肤

职业性皮肤病约占职业病总数的 40%～50%，其致病因素中化学因素占 90%以上。例如，硫酸、石灰、沥青、硝酸、氨、氢氟酸、酚等可引起化学灼伤，砷、煤焦油等可引起职业性皮肤肿瘤。

10）其他

某些毒物会对人体产生远期影响，具有致突变作用、致畸作用和致癌作用。例如，氰化物、硫化氢等化学物质可引起猝死。

4.2.3 化学毒物导致的职业病

根据《职业病分类和目录》（国卫疾控发〔2013〕48 号），职业性化学中毒引起的职业病有：

① 铅及其化合物中毒（不包括四乙基铅）；

② 汞及其化合物中毒；

③ 锰及其化合物中毒；
④ 镉及其化合物中毒；
⑤ 铍病；
⑥ 铊及其化合物中毒；
⑦ 钡及其化合物中毒；
⑧ 钒及其化合物中毒；
⑨ 磷及其化合物中毒；
⑩ 砷及其化合物中毒；
⑪ 铀及其化合物中毒；
⑫ 砷化氢中毒；
⑬ 氯气中毒；
⑭ 二氧化硫中毒；
⑮ 光气中毒；
⑯ 氨中毒；
⑰ 偏二甲基肼中毒；
⑱ 氮氧化合物中毒；
⑲ 一氧化碳中毒；
⑳ 二硫化碳中毒；
㉑ 硫化氢中毒；
㉒ 磷化氢、磷化锌、磷化铝中毒；
㉓ 氟及其无机化合物中毒；
㉔ 氰及腈类化合物中毒；
㉕ 四乙基铅中毒；
㉖ 有机锡中毒；
㉗ 羰基镍中毒；
㉘ 苯中毒；
㉙ 甲苯中毒；
㉚ 二甲苯中毒；
㉛ 正己烷中毒；
㉜ 汽油中毒；
㉝ 一甲胺中毒；
㉞ 有机氟聚合物单体及其热裂解物中毒；
㉟ 二氯乙烷中毒；
㊱ 四氯化碳中毒；
㊲ 氯乙烯中毒；
㊳ 三氯乙烯中毒；
㊴ 氯丙烯中毒；
㊵ 氯丁二烯中毒；

㊶ 苯的氨基及硝基化合物（不包括三硝基甲苯）中毒；

㊷ 三硝基甲苯中毒；

㊸ 甲醇中毒；

㊹ 酚中毒；

㊺ 五氯酚（钠）中毒；

㊻ 甲醛中毒；

㊼ 硫酸二甲酯中毒；

㊽ 丙烯酰胺中毒；

㊾ 二甲基甲酰胺中毒；

㊿ 有机磷中毒；

51 氨基甲酸酯类中毒；

52 杀虫脒中毒；

53 溴甲烷中毒；

54 拟除虫菊酯类中毒；

55 铟及其化合物中毒；

56 溴丙烷中毒；

57 碘甲烷中毒；

58 氯乙酸中毒；

59 环氧乙烷中毒；

60 上述条目未提及的与职业有害因素接触之间存在直接因果联系的其他化学中毒。

4.2.4　避免中毒的措施

降低生产环境空气中毒物浓度，使之达到卫生标准是预防的关键，同时应加强个人防护，具体如下：

① 作业工人应穿工作服，戴滤过式防尘、防烟口罩或防毒口罩，严禁在车间内吸烟、进食，饭前洗手，下班后淋浴，工作服定期更换。

② 坚持车间内湿式清扫制度，定期监测车间空气毒物浓度和设备检修。定期对工人进行体检，妊娠及哺乳期女工应暂时调离作业岗位。

③ 工作场所应通风良好，室内应安装通风排毒设施。企业应定期检测空气中化学物质浓度，并将检测结果公布在告知牌上，一旦发现工作场所空气中的化学物质浓度超过国家标准，工人可要求企业对排毒设施进行改造。

④ 使用或者存在化学物质的场所应配备应急救援人员和必要的应急救援器材、设备，如在工作场所设置相应的自动报警装置、事故通风设施、淋浴和洗眼装置等，并应设置泄险区、应急撤离通道、风向标等。

⑤ 求职时应明确作业中会接触到的化学物质，当求职者的既往疾病历史或就业前体检证明其不适于从事接触某种化学物质作业时，不应谋求从事接触该种化学物质的岗位。

⑥ 工人应要求企业配备呼吸防护用品和皮肤防护用品，要坚持在工作中按要求佩戴个人防护用品。

⑦ 工作中要杜绝明火、火花、高热，使用防爆电器和设备。

⑧ 工人在处于上风向的位置进行手工操作。

⑨ 坚持就业前和就业期间的定期职业健康检查。

⑩ 当发生化学物质急性中毒时，首先应及时将中毒者安全转移到上风向或空气新鲜的场所，然后给中毒者脱去污染的衣着，将被污染的皮肤及时、彻底地用清水或温水反复冲洗，一般须清洗 20～30 min，再尽快送医院进行进一步救治。

任务 4.3　物理因素

预习作业单

任务 4.3　物理因素
预习时间________年_____月_____日至________年_____月_____日
预习知识点
预习技能目标
重点和难点预习情况
预习小结
预习自我评价

工作场所常见的不良物理因素有高温、高湿、低温、高气压、低气压、噪声、振动、超高频辐射、高频电磁场、微波、紫外线、红外线、激光、X 射线、γ 射线等。物理性有害因素除了激光是由人工产生的以外，生产和工作环境中其他常见物理性有害因素在自然界均有存在，是人体生理活动或从事生产劳动所必须接触的。根据物理因素的特点，绝大多数物理性有害因素在脱离接触后体内不再残留，对物理性有害因素所致损伤或疾病的治疗，主要是针对损害的组织器官和病变特点采取相应的治疗措施。对于物理性有害因素的防控，也不是将其减少到越低越好，而是设法将其控制在合理范围内，条件允许时使其保持在适宜范围内则更好。下面主要介绍常见的物理性有害因素，即噪声、高温、振动和紫外辐射。

4.3.1　噪声

1. 产生噪声的作业场所

从物理学观点来看，各种不同频率和不同强度的声波无规律地杂乱混合，听起来使人感到厌烦不悦的声音，称为噪声。从心理学角度来看，人们不需要的声音都可视为噪声；从听力学观点来看，超过一定强度，对人体听觉可能造成损伤的任何声音都是噪声。生产性噪声或工业噪声是生产过程中产生的噪声，其频率和强度没有规律，听起来使人感到厌烦。经常接触噪声会影响人们的情绪和健康，干扰人们的工作和正常生活。

噪声是范围很广的一种生产性有害因素，在许多生产劳动过程中都会有所接触，如风机、空气压缩机、抓斗式卸料机、带式输送机、板式给料机等各类设备转动都会产生噪声。

2. 噪声分类及其强度的分析评价

1）按照噪声来源分类

生产性噪声按其声音来源可大致分为以下 3 种：

① 机械性噪声。由于机器转动、摩擦、撞击而产生的噪声，如纺织机、轧钢机、球磨机等机械所发出的声音。

② 空气动力性噪声。由于气体体积突然发生变化引起压力突变导致气体分子扰动而产生的噪声，如通风机、空气压缩机、燃气轮机等发出的声音。

③ 电磁性噪声。由于电机中交变力相互作用而产生的噪声，如变压器、电动机所发出的声音。

2）按照持续时间和出现的形态分类

生产性噪声根据持续时间和出现的形态可大致分为以下 3 种：

① 稳态噪声。在观察时间内，采用声级计“慢挡”动态特性测量时，声级波动＜3 dB（A）的噪声称为稳态噪声，如一般环境噪声、高速空调噪声及电锯、机床运转噪声等。

② 非稳态噪声。在观察时间内，采用声级计“慢挡”动态特性测量时，声级波动≥3 dB（A）的噪声称为非稳态噪声，如道路噪声、火车通过的噪声、锻造机械的噪声、铆枪的噪声等。

③ 脉冲噪声。噪声突然爆发又很快消失，持续时间小于 0.5 s，间隔时间大于 1 s，声压变化大于 40 dB（A）的，称为脉冲噪声，如锻锤、冲压、射击等。

由于听力损伤首先累及高频听力，而对语言交流没有障碍，所以开始听力下降时很难被察觉，当发现听人讲话困难时，为时已晚。噪声性听力损伤或耳聋到目前为止还没有有效的治疗方法。所以，预防才是最重要的。

3. 噪声对身体器官的致病机理和影响

噪声对人体的危害主要取决于噪声的频率、强度和暴露时间等因素。根据噪声作用于人体系统的不同，可将其对人体的损害分为听觉系统损害和非听觉系统损害。

生产性噪声一般声级比较高，且多为中高频噪声，常与振动等不良因素联合作用于人体，使其危害更大，最常见的危害是导致噪声聋。

在暴露于噪声环境下所致职业性噪声聋的机制中，存在一条由活性氧（reactive oxygen species，ROS）介导的细胞氧化应激机制损伤内耳毛细胞从而导致听力损失的通路。噪声暴露引起线粒体过度表达、内耳毛细胞和传入性听觉神经纤维连接处兴奋性中毒及耳蜗供血的局部缺血或再灌注，导致内耳毛细胞 ROS 水平上升，引起 DNA、蛋白质损伤和脂质过氧化，进而导致毛细胞的坏死和（或）凋亡。此外，ROS 水平上升还可作为促发剂直接诱导毛细胞凋亡，大量的内耳毛细胞损伤，最终导致不可逆转的听力损失。

噪声还可引起听觉外系统的损害，主要表现为易疲劳、头痛、头晕、睡眠障碍、注意力不集中、记忆力减退等一系列神经系统症状。高频噪声可引起血管痉挛、心率加快、血压升高等心血管系统的变化。长期接触噪声还可引起食欲不振、胃液分泌减少、肠蠕动减慢等胃肠功能紊乱的症状。

4. 噪声对听觉器官的影响

当人刚走进强噪声车间时，通常会感到刺耳难受，很不舒服，在里面待一段时间后走出车间，还会感到耳朵里嗡嗡地响，甚至出现暂时性的听力下降，连手表的滴答声也听不见了。这时，如果走到比较安静的地方待一段时间，听觉又会逐步恢复正常，又可以听见手表的滴答声了，这种现象叫作暂时性听阈位移，即听觉疲劳。这种暂时性的生理现象，并不会对人耳内听觉器官造成什么损伤，但如果人长时间在强噪声环境下工作，持续不断地接受噪声的刺激，日积月累，听觉疲劳现象不仅不能消除，而且会越来越严重，发展到不能恢复正常水平，这种现象叫作永久性听阈位移，即听力损失。当人的内耳听觉器官发生器质性病变后，其听力损失不能恢复或不能完全恢复，则引发噪声性耳聋。

5. 噪声对神经系统的影响

噪声会通过听觉器官传入大脑皮层，作用于人的中枢神经系统，使人的基本生理过程——大脑皮层的兴奋与抑制的平衡失调，导致条件反射异常，使脑血管张力遭到损害，严重的可以引起渗出性出血灶。早期 24 h 是可以复原的，但如果得不到及时复原的话，久而久之，就形成牢固的兴奋灶，累及植物性神经系统，产生头痛、头晕、烦躁、失眠、记忆力减退、心悸等神经衰弱综合征。

6. 噪声对心血管系统的影响

噪声可以使人交感神经紧张、心跳加快、心律不齐、心电图 ST－T 波改变、传导阻滞、血压升高、血管痉挛等。在较强的噪声下，高血压病发病率比无噪声的情况有时会高好几倍。

7. 噪声对消化系统的影响

接触噪声的工人经常有胃功能紊乱、食欲不振、肌无力、消瘦、体质减弱等症状，一般来说，胃分泌功能降低的概率多于增高的概率。在被调查的工人中发现，三分之一的人胃含物酸度降低，但也有极少数增高。胃液分泌试验结果表明，三分之一的人胃液分泌处于抑制状态，极少数人胃液分泌有增高的趋势，还有半数以上的人出现胃排出功能缓慢现象。通过 X 射线，发现其胃紧张度降低，蠕动无力，但未发现器质性病变，只限于功能损伤。胃功能损伤的程度随着噪声强度和接触噪声时间的增长而加重。

8. 噪声对正常生活的影响

噪声影响人们的正常生活，干扰人们的休息、睡眠、语言交流和日常社交活动，使人烦躁异常。实践证明，当人在睡眠状态中，在 40～45 dB（A）的噪声作用下，人脑电波就会出现觉醒的反应，也就是说 45 dB（A）的噪声就开始对正常人的睡眠产生了影响。对神经衰弱的人，更低一些的声级也会对其产生干扰。据研究，40 dB（A）的连续噪声级使 10%的人受到影响，70 dB（A）的连续噪声级可影响 50%的人；突然的噪声在 40 dB（A）时，可使 10%的人惊醒，在 60 dB（A）时可使 70%的人惊醒。

噪声除了对人的睡眠有影响外，另一个重要的影响就是干扰人们谈话、听广播、打电话、上课和开会。在噪声很大的工作环境里，人们根本不能用语言表达思想，只能对着耳朵大喊大叫或打手势表达。

9. 噪声对工作效率的影响

在嘈杂的环境里，人容易心情烦躁，工作极易疲劳，反应也迟钝，这样就使工作效率大为降低，对于脑力劳动者，影响就更为明显。在噪声的刺激下，人的注意力很不容易集中，工作中容易出现差错，特别是对那些要求注意力高度集中的复杂作业，影响更大。有人对打字、排字、速记、校对等工种进行调查，发现随着噪声级的增加，差错率均有上升。对电话交换台进行调查发现，噪声级从 50 dB（A）降低到 30 dB（A），差错率减少 42%。由于人们对噪声的心理作用，分散了注意力，也容易引发工伤事故。

10. 噪声导致的职业病

长期接触强烈的噪声，听觉系统首先受损。听力的损伤有一个从生理改变到病理改变的过程，表现为从暂时性听阈位移改变到永久性听阈位移。暂时性听阈位移指人接触噪声后听阈提高 10～30 dB（A），脱离噪声环境后经过一段时间听阈下降可以恢复到原来水平，属于生理性改变，包括听觉适应和听觉疲劳。永久性听阈位移是指噪声引起的不能恢复到正常水平的听阈升高。根据损伤的程度，永久性听阈位移又分为听力损失、噪声聋和爆震聋。

① 听力损伤：指听力曲线在 3 000～6 000 Hz 出现 V 形下陷，此时患者主观无耳聋感觉，交谈和社交活动能够正常进行。

② 噪声聋：是噪声对人体听觉器官长期慢性影响的结果，为听觉系统的慢性退行性病变，临床表现为长期接触强噪声，听力明显下降，离开噪声环境短时间内听力不能恢复，造成永久性听阈位移。

③ 爆震聋：指暴露于瞬间发生的短暂而强烈的冲击波或强脉冲噪声所造成的中耳、内耳或中耳及内耳混合性急性损伤所导致的听力损伤或丧失，同时可引起鼓膜破裂出血，听小骨骨折、脱位和鼓室出血，甚至可以导致人耳完全失去听力。

4.3.2 高温

1. 高温作业的定义

高温作业是指在生产劳动过程中，工作地点平均 WBGT 指数大于或等于 25℃的作业。高温作业按照气象条件的特点可分为高温强热辐射作业、高温高湿作业和夏季露天作业 3 种类型。物流行业存在的高温作业场所为露天，在夏季露天作业受到的高温辐射主要来源于太阳直接辐射，还受到加热地面和周围物体等二次辐射源的影响。

人体散热途径主要有以下几种：

① 辐射散热：指机体热量以热射线的形式传给外界较冷物体的一种散热方式。气温与皮肤的温度差越大，或者机体有效辐射面积越大，辐射散热量就越多。

② 传导散热：指机体热量直接传给同其接触的较冷物体的一种散热方式。

③ 对流散热：指通过气体或液体交换热量的一种散热方式。

④ 蒸发散热：当外界温度等于或超过机体皮肤温度时，辐射传导和对流等散热方式失去作用，蒸发即成为唯一的散热方式。

2. 高温作业对健康的影响

在高温热辐射环境中，人体的产热量和受热量持续大于散热量，就容易导致机体热平衡失调、水盐代谢紊乱，严重者可引起中暑。

1）对生理机能的影响

高温作业时，人体可出现体温调节、水量代谢以及循环系统、消化系统、泌尿系统等方面的适应性变化，主要表现为：

① 体温调节障碍。由于体内蓄热而使体温升高，大量水分丧失，可引起水盐代谢平衡紊乱，导致体内酸碱平衡和渗透压失调，心率、脉搏加快，皮肤血管扩张及血管紧张度增加，加重心脏负担、血压下降。

② 重体力劳动时，血压也可能升高，出现消化道缺血、胃液酸度降低、淀粉酶活性下降等情况，造成消化不良或者其他胃肠疾病增加。

③ 高温条件下，若水量供应不足，可使尿液浓缩，增加肾脏负担，有时可导致肾功能不全等问题，人的动作准确性和协调性及反应速度降低。

2）热适应

热适应是指人在热环境中工作一段时间后对热负荷产生可适应或耐受的现象。

此时从事同等强度的劳动，汗量增加，汗液中的无机盐含量减少，皮温和中心体温先后降低，心率明显下降。此外，机体热适应后会合成一组新的蛋白质，即热应激蛋白，可保护机体免受高温的致死性损伤。

3）中暑

（1）中暑原因。

在高温季节里或高温环境中劳动和工作，易发生中暑。现代医学研究证明，中暑是中枢神经调节失常的结果。具体地讲，就是当外界温度过高（大多数超过38 ℃），人体通过辐射和对流散热发生障碍，身体只能靠出汗散热，如果此时汗的蒸发亦受影响，散热有困难，热量便会蓄积在体内。尤其是在劳动的时候，体内产生的热量增加，热量蓄积更多。当蓄积的热量超过人体所能耐受的限度时，就会发生中暑。

环境温度过高、湿度过大、风速过小、劳动强度过大、劳动时间过长等是导致中暑的主要因素。另外，过度疲劳、睡眠不足、营养不良、年老体弱、肥胖、尚未产生热适应等也易诱发中暑。

（2）中暑分类。

中暑是由于高温环境中人体热平衡或水盐代谢紊乱而引起的一种以中枢神经系统或以血管系统障碍为主要表现的急性热致疾病。根据临床表现，中暑可分为先兆中暑、轻症中暑、重症中暑。其中重症中暑又分为热痉挛、热衰竭和热射病。热射病是最严重的中暑类型。热射病（含日射病）、热痉挛和热衰竭，这种分类是相对的，临床上往往难以区分，我国职业病名单中将其统称为中暑。

① *热射病*。此病是人体在热环境下散热途径受阻，体温调节机制失调所致。其临床特点为突然发病，体温升高可达 40 ℃以上，开始时大量出汗，以后出现无汗，并伴有干热和意识障碍、嗜睡、昏迷等中枢神经系统症状，死亡率甚高。

② *热痉挛*。此病是人体大量出汗，体内钠、钾过量丢失所致。其主要表现为明显的肌肉痉挛，伴有收缩痛。痉挛以四肢肌肉及腹肌等经常活动的肌肉多见，尤以腓肌为最。痉挛常呈对称性，时而发作，时而缓解。患者神志清醒，体温多正常。

③ *热衰竭*。多数认为，此病是在高温、高湿环境下，皮肤血液的增加不伴有内脏血管收缩或血容量的相应增加，因此不能足够地代偿，致脑部暂时供血减少而晕厥所致。一般起病迅速，先有头昏、头痛、心悸、出汗、恶心、呕吐、皮肤湿冷、面色苍白、血压短暂下降，继而晕厥，体温不高或稍高。通常休息片刻即可清醒，一般不引起循环衰竭。

（3）中暑急救。

中暑急救主要措施如下：

① 轻症中暑时，让患者迅速脱离高温环境，选择阴凉通风的地方休息，饮用含盐清凉饮料，并予以密切观察。

② 重症中暑时，迅速采取降低体温、维持循环呼吸功能的措施，及时口服含盐清凉饮料，使患者平卧，移至阴凉通风处，严重时迅速送往医院就诊，在转送

途中可对患者予以物理降温，以蒸发散热。

提示：对中暑患者及时进行对症处理，一般可很快恢复，不必调离原作业岗位。若因体弱不宜从事高温作业，或者有其他职业禁忌证者，应调换作业岗位。

4）高温对人的心理影响

高温作业在影响人的生理机能的同时，也对人的心理产生着影响，具体如下：

① 高温作业使人体的生物钟运转不利，极易引起心理上的焦虑，出现烦躁不安、好发脾气等现象。

② 高温会引起血管膨胀，血液流动速度加快，毛细血管扩张，心脏负荷加重，身体能量消耗加剧，脑部供血、供氧下降，身体的剧烈反应导致人的情绪变化，心理活动加强。在不能很快适应的情况下，人会通过烦躁、焦虑的情绪应对身体上的不良反应。

③ 人体受热时，首先会感到不舒适，其后体温才会逐渐升高，并产生困倦感、厌烦情绪，当体温高至 38 ℃以上时，对神经心理活动的影响更加明显。

④ 当长期在过高的温度下工作时，如果人的身体承受能力到了极限，就会出现躁狂的表现。国外报道，在遭受急性热作用的人群中，有人出现了突然的、引人注目的情绪失控，如无法控制地哭泣或无缘无故地突然大怒等。这是因为环境高温加剧了人的心理紧张，促使机体肾上腺素及去甲肾上腺素分泌增加，导致兴奋性过高而容易“激惹”，导致“情绪中暑”。所以，此时不仅仅是情绪波动起伏，机体的免疫功能也较为低下，起居饮食稍有不妥之处，就会感受“病邪”而患上各种疾病，最终影响身心健康。

4.3.3　振动

1. 振动的定义和分类

1）振动的定义

振动是物体受外力作用后，围绕一平衡位置呈周期性的往复震荡或旋转的运动。生产过程中的生产设备、工具产生的振动称为生产性振动。振动和噪声有着十分密切的联系，当振动频率在 20～2 000 Hz 的声频范围内时，振动源也就是噪声源。在物流行业中，存在振动危害的主要场所为驾驶室，还有某些作业场所，如捣固、油锯、铆、锯工、锻等作业场所。

振动对人体有两个方面的作用：适宜的振动有益身心健康，具有增强肌肉活动能力、解除疲劳、减轻疼痛、促进代谢、改善组织营养、加速伤口恢复等功效，人们常常利用这个原理制作各种人体保健按摩器。而在生产条件下，当身体接触振动的强度过大、持续时间较长时，会对机体产生不良影响。例如，对于卡车司机、拖拉机手、风钻工等，可引起记忆力减退、反应速度减慢、工作效率降低，甚至可以导致振动相关的疾病。

2）振动的分类

振动主要是以振动作用于人体的部位来分类的，可分为手传振动和全身振动。

（1）手传振动。

手传振动也称手臂振动或局部振动，是指在生产过程中使用手持振动工具或接触受振工件时，直接作用或传递到人的手臂的机械振动或冲击，如使用各种类型的电动、气动、风动工具可产生剧烈手臂振动。

当人体遭受局部振动时，可引起中枢神经系统功能的改变，表现为脑电图异常及神经衰弱症状，如头昏、失眠、心悸、乏力、注意力不集中或记忆力减退等，还可引起周围神经功能改变，如神经末梢损害，主要症状为手麻、手胀、手痛、手颤、手掌多汗、手无力等不适。

（2）全身振动。

全身振动是指由人体足部或臀部接触，并通过下肢或躯干传导至全身的振动。在交通工具上作业，如驾驶拖拉机、收割机、汽车、火车、船舶和飞机等，或在作业台如钻井平台、振动筛操作台、采矿船上作业时，作业工人主要受全身振动的影响。

2. 振动的危害

1）手传振动

手传振动所引起的振动职业病称为手臂振动病，也称为职业性雷诺氏症，主要表现为肢端血管挛症候群。长期接触较强手传振动，可引起以手部末梢循环障碍为主的病变，亦可累及肢体神经和运动功能。发病部位多在上肢，典型表现为振动性白指，患者出现白指、白手，往往还伴有局部疼痛、麻胀、皮肤感觉异常及植物神经功能紊乱的症状，严重时会引起骨、关节病变，出现指端坏疽、手部肌肉萎缩，甚至出现“鹰爪手”畸形，严重影响手部功能。

手臂振动病是我国法定的职业病，患者可以享受职业病人的待遇，在从事振动作业工龄较长人员中多见。

2）全身振动

全身振动是由于振动源（车辆、船舶、重型振动机械）通过身体的支持部分（下肢、腰）将振动传布全身而引起震动反应的振动，主要影响汽车、拖拉机、电车司机以及相关工作人员。全身振动常引起足部周围神经、血管的改变及腰痛、腿无力等，并且由于前庭功能减退和内脏受刺激后的反射作用，严重时可出现脸色苍白、冷汗、恶心、呕吐、头昏、眩晕、脉速和血压降低、唾液分泌增加等症状。晕车、晕船就是属于全身振动的反应。

4.3.4 紫外辐射

1. 紫外辐射的定义

波长在 100～400 nm 范围内的电磁波称为紫外线，又称紫外辐射，为不可见光。自然界的主要紫外线光源是太阳。凡物体温度达 1 200 ℃以上时，辐射光谱中即可出现紫外线。随着温度升高，紫外线的波长变短，强度增大。电焊、气焊温度达到 3 200 ℃时，可产生短于 230 nm 的紫外线。

紫外辐射属于非电离辐射。非电离辐射是指量子能量小于 12 eV，不足引起生物体电离的电磁辐射，如紫外线、可见光、射频及激光等。

紫外线是由原子的外层电子受到激发后产生的。物流行业中紫外线职业接触主要是露天工作场所，在南方夏季露天作业人员要加强对紫外线的防护。

2. 紫外线所致健康损害

紫外线主要是对皮肤和眼睛有损伤作用。紫外线对皮肤的损害主要是引起红疹、红斑和水疱，严重的可有表皮坏死和脱皮。红斑在停止照射紫外线数小时或数天后可以消退，长时间紫外线照射可引起弥漫性红斑，并伴有烧灼感，可形成小水泡。

紫外线对眼睛的损害主要表现最初为异物感，继之眼部剧痛，出现怕光、流泪、结膜充血、睫状肌抽搐等症状。其中波长 250～320 nm 的紫外线最容易被角膜和结膜上皮吸收，导致急性角膜炎、结膜炎，称为电光性眼炎。

物流企业案例

案例 1 化工物流企业职业病危害因素识别

某化工物流有限公司主要经营液体化工品（包括酮类、醇类、酯类、醚类、烷烃类等）的装卸、储存、灌装、混兑生产等配套业务。在这些业务中，有装卸、储存、灌装、混兑生产工艺流程，这些工艺流程中均存在职业病危害因素。

以混兑生产工艺为例，将来自储罐区的不同物料（液体化工品）根据市场需要将其中若干种按一定的比例混合并灌装，其工艺流程为来自储罐区各储罐的各种液体化工品用化工泵经流量计分别计量后输送到各混兑罐中，经过混兑罐自带的搅拌器搅拌一定时间混合均匀后，经过滤后用自动液体灌装机灌装入桶；或者用泵直接将其输送到汽车装车栈台，装入槽罐车外运。

该项目在混兑生产和装卸、储存过程中可能产生的职业病危害因素主要有甲苯、二甲苯、三甲苯、异丙醇、丁醇、丙醇、甲基丙烯酸甲酯、乙酸丁酯、甲基异丁基甲酮、丁酮、乙酸乙酯、硝化棉、正己烷、正庚烷、甲醇、乙醇、乙酸丙酯、二异丁基甲酮、乙二醇乙醚、乙酸异戊酯、2,4-甲苯二异氰酸酯、异佛尔酮、噪声、工频电场。根据《建设项目职业病危害分类管理办法》的有关规定，本项目属于职业病危害严重的建设项目。

案例 2 粮食物流企业职业病危害因素识别

对某公司现代物流项目进行职业病危害控制效果评价，分析该项目建成投产后存在的职业病危害因素危害程度及对劳动者健康的影响。该项目的主要生产工艺包括粮食接收、储藏和发放工艺。

接收工艺为：火车、汽车司机在卸粮坑上将粮食卸入坑中，理货员与现场员负责现场粮食的接收及输送，输送设备将粮食送入 1 号转接塔再送入工作塔，检验员经自动取样后进行检验，粮食计量后再进入立筒仓，巡检员进行巡检，使粮食顺利入仓，维修员对运行不正常的设备进行检修。

储藏工艺为：立筒仓内散粮由仓下输送设备送至计量塔，经取样检验、计量后，经 2 号转接塔送至码头，装船机司机将粮食装船，巡检员在现场巡检，保证粮食正常发放。

发放工艺为：立筒仓配有自动装置，可测量粮食的含水量，并清理杂质、定时通风和进行药物防治。

根据这些生产工艺，通过现场调查和生产工艺分析，装船机司机在粮食装船过程中接触谷物粉尘、噪声；巡检员、维修员在立筒仓中粮食输送及储存过程中接触谷物粉尘、噪声，粮食进行熏蒸后，如果立筒仓密闭不好，其外环境中可能接触到磷化氢；现场员在卸粮过程中接触到谷物粉尘、噪声；理货员、两用车司机可能接触到谷物粉尘。因此，该粮食现代物流项目生产过程中的主要职业病危害因素有谷物粉尘、磷化氢、噪声等。

情景考评

学习完本情景之后，请根据自己的学习所得，结合下表所列内容进行评价打分。

评价内容	评价方式			评价等级
	自评	组评	师评	
课前预习本情景的相关知识、相关资料情况				A. 充分 B. 一般 C. 不足
理解职业病危害因素的定义与内涵				A. 充分 B. 一般 C. 不足
了解职业病危害因素的分类				A. 充分 B. 一般 C. 不足
了解职业病危害因素导致的职业病				A. 充分 B. 一般 C. 不足
了解职业病危害因素超标评价标准				A. 充分 B. 一般 C. 不足
开展实地考察的实践情况				A. 充分 B. 一般 C. 不足
参加教学中的讨论并积极完成相关任务情况				A. 充分 B. 一般 C. 不足
团队成员合作情况				A. 充分 B. 一般 C. 不足
学习态度、完成作业情况				A. 充分 B. 一般 C. 不足
总评				

复习思考题

一、名词解释

1. 粉尘。
2. 噪声。
3. 振动。
4. 高温。
5. 紫外辐射。

二、简答题

1. 在你熟悉的物流企业中，识别各岗位存在的职业病危害因素。
2. 粉尘的危害有哪些？如何判断空气中粉尘浓度是否超标？
3. 根据生产性粉尘的性质可将生产性粉尘分为哪几类？
4. 噪声的危害有哪些？如何判断作业场所噪声强度是否超标？
5. 高温的危害有哪些？

情景 3

职业病防护

本情景知识结构导图

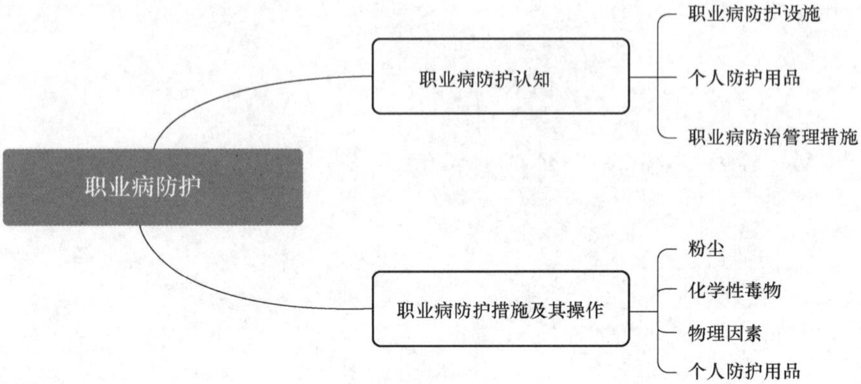

课前思考

日常工作中如何防止职业病的发生？在工作岗位如何防止职业病危害因素对健康的影响？

岗位要求

1. 掌握常见职业病危害因素的防护措施。
2. 掌握常见个人防护用品的使用方法。
3. 了解用人单位的职业卫生管理制度内容。
4. 培养劳动者职业病防护意识及正确使用个人防护用品的能力。

学习目标

知识目标	1. 掌握个人防护用品的使用； 2. 了解职业病防护设施的种类； 3. 掌握粉尘防护措施； 4. 了解职业病防治管理措施的内容
技能目标	能够针对不同的职业病危害因素采取不同的防护措施
素质目标	培养劳动过程中职业防护、切实保护劳动者的思想意识

学习重点、难点

学习重点	个人防护用品的正确使用方法
学习难点	职业病防治管理措施

项目 5 职业病防护认知

预习作业单

项目 5 职业病防护认知
预习时间________年_____月_____日至________年_____月_____日
预习知识点
预习技能目标
重点和难点预习情况
预习小结
预习自我评价

职业病防治的关键在于预防，预防的源头在于作业现场。保护员工健康对企业和社会发展都有利。职业病防护是一项关键环节多、范围广、多学科交叉融会的系统工作，涉及法律法规、标准规范、管理体系，职业病危害因素识别、检测和评价，卫生工程防护，建筑卫生学，培训，应急救援，个人防护用品，职业健康检查，档案建立等内容。概括起来，职业病防护措施主要包括职业病防护设施、个人防护用品和职业病防治管理措施等。

控制职业病危害，应优先考虑的是从源头上防止劳动者接触各类职业病危害因素，改善可能引起健康损害的作业环境（工作场所），其中卫生工程防护是从源头防护职业病的重要手段之一。选择职业病防护措施时，应按照下列职业病危害防护设施等级顺序进行选择。

① *直接职业病危害防护技术措施*。生产设备本身，应当具有职业病危害防护性能，保证不出现职业病危害和职业病危害事故。

② *间接职业病危害防护技术措施*。当不能或者不完全能实现直接职业病危害防护技术措施时，必须为生产设备设计出一种或者多种职业病危害防护技术措施，最大限度地预防、控制和消除职业病危害事故和职业病危害的发生。

③ *警示性职业病危害防护技术措施*。当间接职业病危害防护技术措施无法实现时，必须采用检测报警装置、警示标识等技术措施，提示、警告作业人员注意，以便采取相应的对策或紧急撤离危险场所。

若间接、警示性职业病危害防护技术措施仍然不能避免事故、危害发生，则应采取安全卫生操作规程、安全卫生教育、培训和有效的个人防护措施等来预防、控制职业病危害事故或降低职业病危害的程度。

任务5.1 职业病防护设施

职业病防护设施广义指以预防、消除或者降低工作场所的职业病危害，减少职业病危害因素对劳动者健康的损害，以达到保护劳动者健康为目的的设施、装置或用品；一般指应用工程技术手段控制工作场所产生的有毒有害物质，防止发生职业危害的一切技术设施，主要包括防尘、防毒、防噪声、防振动、防暑降温、防寒、防潮、防非电离辐射（高频、微波、射频）、防电离辐射、防生物危害、人机工效学等。常见的职业病防护设施有以下几种。

1. 防尘设施

防尘设施主要有集尘风罩、过滤设备（滤芯）、电除尘器、湿法除尘器、洒水器等。

布袋式除尘器是利用多孔的袋装滤料从含尘气体中捕集粉尘的一种除尘设备，主要由过滤装置和清灰装置两部分组成。前者的作用是捕集粉尘，后者的作用是不断清除滤袋上的积尘，保持除尘器的处理能力。当含尘气体通过滤料时，主要依靠纤维的筛滤、拦截、碰撞、扩散和静电吸引五种效应，将粉尘阻留在滤料上。当滤袋表面积附的粉尘层的厚度达到一定程度时，通过清灰装置清除滤袋上的积尘，以保证滤袋持续工作所需的透气性。布袋式除尘器是粉尘处理中使用最广泛的除尘设备，可以应用于机械制造、黑色金属矿采选业、有色金属矿采选业、农副食品加工业、家具制造业等。

常见大型布袋式除尘器如图 5-1 所示。

图 5-1　常见大型布袋式除尘器

湿式除尘器是利用水（或其他液体）与含尘气体相互碰撞，在惯性碰撞、扩散、黏附和凝集等除尘机理的共同作用下，使尘粒与气体分离的一种除尘技术。湿式除尘与干式除尘相比，其特点是设备投资少，构造简单，净化效率高，能够除掉粒径在 0.1 μm 以上的尘粒。其中，湿式除尘最突出的优点是在除尘过程中还有降温冷却、增加湿度和净化有害有毒气体等作用，适合于高温、高湿烟气及非纤维性粉尘的处理，还可净化易燃、易爆及有害气体；缺点是要消耗一定量的水（或液体），粉尘的回收和泥浆的处理比较困难，设备受酸性或碱性气体的腐蚀，除尘过程可造成水的二次污染。因此，湿式除尘器特别适合处理高温、高湿、易燃易爆的含尘气体，可用于石油、煤炭及其他燃料加工业、化学原料及化学品制造业、医药制造业、橡胶和塑料制品业等行业的除尘。

常见湿式除尘器如图 5-2 所示。

图 5-2　常见湿式除尘器

2. 防毒设施

防毒设施主要有隔离栏杆、防护罩、集毒风罩、过滤设备、排风扇（送风通风排毒）、燃烧净化装置、吸收和吸附净化装置等。常见的轴流风机如图 5–3 所示，常见的外部吸气罩如图 5–4 所示。

图 5–3　常见的轴流风机

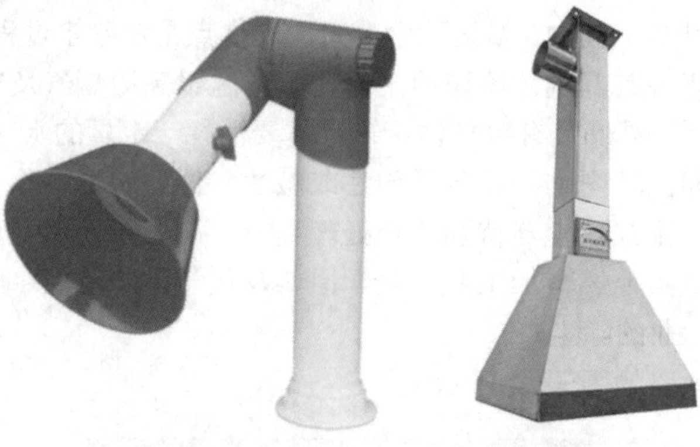

图 5–4　常见的外部吸气罩

外部吸气罩适用于生产设备不能密闭的情况。它利用排风气流的作用，在有害物散发地点造成一定的吸入速度，使有害物吸入罩内。按照吸气气流运动方向的不同，外部吸气罩分为上吸式、侧吸式和下吸式。

3. 防噪声、防振动设施

防噪声、防振动设施主要有隔声罩、隔声层、减振器等。

如果将一台机器安装在钢筋混凝土地板上，又未曾采取任何减噪措施，那么机器在运转时，可以通过刚性的地板、侧墙、柱梁等构件将振动传递至很远的地方，此时，在邻近的房间里，即使把门窗关紧，室内噪声并无减弱。减振、隔振的目的在于选取合理的隔振材料和隔振元件，消除机器与地基之间的刚性连接，以降低由机器振动传递给地基所激发的噪声。常见的减振弹簧器如图 5–5 所示。

图 5-5　常见的减振弹簧器

利用墙板、门窗、隔声罩等把各种噪声源与接收者分隔开来，使噪声在传播途径中受到阻挡，降低接收者这一边噪声的过程，通常称为隔声。当车间内噪声源比较集中或只有个别噪声源对邻近环境有干扰时，可将噪声源封闭在一个小的隔声空间内，使传声途径中出现障碍的设施，通常称为隔声罩。常见的通风机高噪声设备隔声罩如图 5-6 所示。

图 5-6　常见的通风机高噪声设备隔声罩

4. 防暑降温、防寒、防潮设施

此类设施主要有空调、风扇、暖炉、除湿机等。

5. 防非电离辐射（高频、微波、射频）设施

电磁辐射以电磁波的形式在空间向四周传播，具有波的一般特征（波长、频率、一定的传播速度）。波长与频率成反比，波长越短，频率越高，辐射的量子能量越大，生物学作用越强。电磁辐射分为电离辐射和非电离辐射。电离辐射是一切能引起物质电离的辐射的总称，包括 α 射线、β 射线、γ 射线、X 射线、中子射线等，如生产上测料位用的料位仪、X 射线探伤及测厚仪、医学上用的 X 射线诊断机、γ 射线治疗机、核医学用的放射性同位素试剂等都会产生电离辐射。非电离辐射是指能量比较低，并不能使物质原子或分子产生电离的辐射，包括低能量的电磁辐射，有紫外线、红外线、微波及无线电波等。它们的能量不高，只会令物质内的粒子振动，温度上升。非电离辐射的能量较电离辐射弱，不会电离物质，而会改变分子或原子的旋转、振动或价层电子轨态。非电离辐射对生物活组织的影响，表现在不同的非电离辐射可产生不同的生物学作用。

对非电离辐射的防护，主要采用屏蔽、远距离和限时操作三原则。在不妨碍操作和符合工艺要求的基础上，屏蔽场源的效果最好。屏蔽是消除或减少电磁辐射的一种最有效的方法，其目的是将电磁能量限制在一定空间内。通常采用的屏蔽装置有屏蔽网、屏蔽罩或屏蔽室，屏蔽材料以薄金属板或金属网多见。根据屏蔽的原理，屏蔽分为静电屏蔽、磁场屏蔽和电磁屏蔽。

任务 5.2　个人防护用品

个人防护用品是指由企业为劳动者配备的，使其在劳动过程中增强对职业病危害防护，预防或者减轻职业病危害及事故伤害的个体防护装备。个人防护用品是保护职工安全与健康所采取的必不可少的辅助措施，是劳动者防止职业伤害的最后一项有效措施，有效使用个人防护用品必须引起企业领导人和广大职工的高度重视。在作业条件差、危害程度高或防护设施起不到防护作用的情况下（如检修作业、维修作业、野外露天作业及隐患整改过程中、生产工艺落后、设备老化等），个人防护用品会成为劳动保护的主要措施。

个人防护用品分为以下十大类：

① 防御物理、化学和生物危险及有害因素对头部伤害的头部防护用品，如安全帽等。

② 防御缺氧空气和空气污染物进入呼吸道的呼吸防护用品，如防尘口罩、防毒口罩、隔绝式呼吸器等。

③ 防御物理和化学危险、有害因素对眼面部伤害的眼面部防护用品，如防护眼镜和面罩等。

④ 防噪声危害及防水、防寒等的耳部防护用品，如耳塞和耳罩等。

⑤ 防御物理、化学和生物危险及有害因素对手部伤害的手部防护用品，如劳动保护手套，耐酸、耐碱手套，橡胶耐油手套，耐高温手套等。

⑥ 防御物理和化学危险、有害因素对足部伤害的足部防护用品。

⑦ 防御物理、化学和生物危险及有害因素对躯干伤害的躯干防护用品，如耐酸碱皮鞋、耐酸碱胶靴、耐酸碱塑料模压靴、高温防护鞋、防刺穿鞋、焊接防护鞋等。

⑧ 防御物理、化学和生物危险及有害因素损伤皮肤或引起皮肤疾病的护肤用品，如防酸碱工作服和隔热工作服等。

⑨ 防止高处作业劳动者坠落或者高处落物伤害的坠落防护用品，如安全带、安全网等。

⑩ 其他防御危险、有害因素的个人防护用品，如护肤品等。

任务 5.3 职业病防治管理措施

生产企业或劳务用人单位是职业病防治的责任主体，并对本单位产生的职业病危害承担责任。生产企业或劳务用人单位在劳动过程中应当采取下列职业病防治管理措施。

1. 组织制度管理落实

① 设置或者指定职业卫生管理机构或者组织、配备专职或者兼职的职业卫生专业人员，负责本单位的职业病防治工作。

② 制定职业病防治计划和实施方案。

③ 建立健全职业卫生管理制度和操作规程。

2. 对职业病危害设备和因素做警示说明

① 向劳务用人单位提供可能产生职业病危害设备的中文说明书，并在设备的醒目位置设置警示标识和中文警示说明（如图 5-7 所示）。警示说明应当说明设备性能、可能产生的职业病危害、安全操作和维护注意事项、职业病防护及应急救治措施等内容。

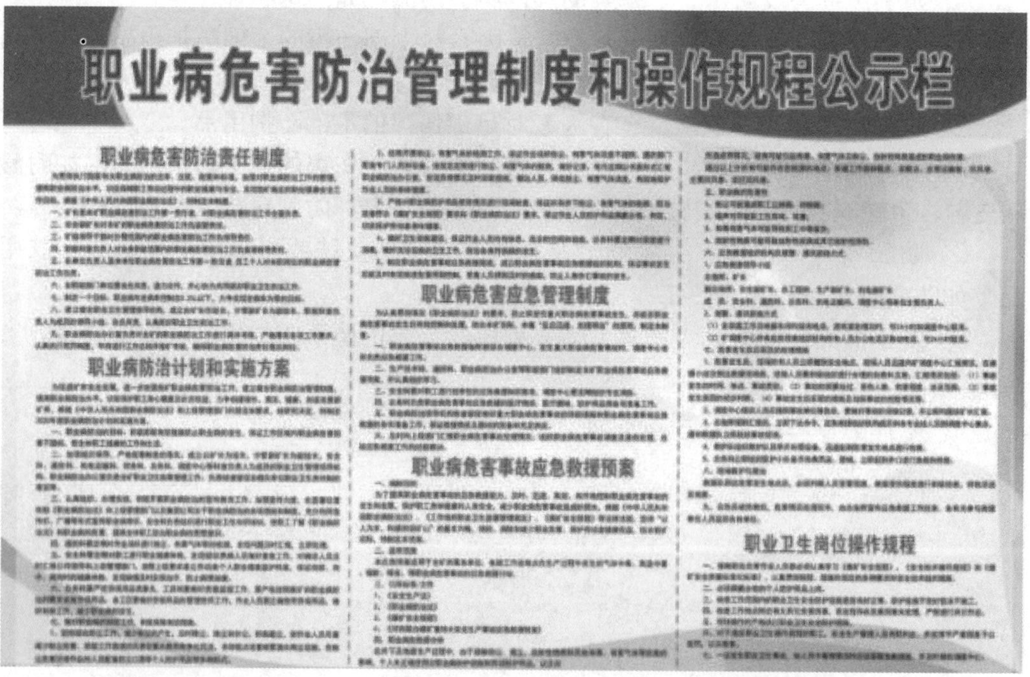

图 5-7 生产企业及劳务用人单位要在公司及作业场所显著位置张贴或张挂职业病危害类型辨识、防治制度和操作规程公示

② 向劳务用人单位提供可能产生职业病危害的化学品、放射性同位素和含有放射性物质的材料中文说明书。产品包装应当有醒目的警示标识和中文警示说明。

储存上述材料的场所应当在规定的部位设置危险物品标识或者放射性警示标识（如图 5–8 所示）。

图 5–8 生产企业及劳务用人单位要在公司或作业现场设置候工房放置相关防护用品、用具及应急药物、设备等，并定期进行检查

③ 用人单位在设备及材料放置及使用处设立警示标识。

3. 建立健全职业卫生档案和劳动者健康监护档案

对从事接触职业病危害作业的劳动者，用人单位应当按照国务院卫生行政部门的规定组织上岗前、在岗期间和离岗时的职业健康检查，并将检查结果如实告知劳动者。职业健康检查费用由用人单位承担。职业健康检查工作应当由省级以上人民政府卫生行政部门批准的医疗卫生机构承担。对劳动者建立的职业健康监护档案，应按规定的期限妥善保存。

4. 建立健全工作场所职业病危害因素监测及评价制度

用人单位应当实施由专人负责的职业病危害因素日常监测，并确保监测系统处于正常运行状态；应当按照国务院卫生行政部门的规定，定期对工作场所进行职业病危害因素检测、评价，检测、评价结果存入用人单位职业卫生档案，定期向所在地卫生行政部门报告并向劳动者公布。职业病危害因素检测、评价由依法设立的取得省级以上人民政府卫生行政部门资质认证的职业卫生技术服务机构进行。

5. 定期进行职业卫生知识培训

① 用人单位的负责人应当接受职业卫生培训，遵守职业病防治法律、法规，依法组织本单位的职业病防治工作。

② 企业和劳务用人单位应当对劳动者进行上岗前的职业卫生培训和在岗期间的定期职业卫生培训（如图 5–9 所示），普及职业卫生知识，督促劳动者遵守职业病防治法律、法规、规章和操作规程，指导劳动者正确使用职业病防护设备和个人使用的职业病防护用品。

图 5-9 生产企业和劳务用人单位要定期对员工进行职业卫生培训、考试

6. 对未成年工和女工实行特殊保护

劳务用人单位不得安排未成年工从事接触职业病危害的作业；不得安排孕期、哺乳期的女职工从事对本人和胎儿、婴儿有危害的作业。

7. 建立健全职业病危害事故应急救援预案

对可能发生急性职业损伤的有毒、有害工作场所，劳务用人单位应当设置报警装置，配置现场急救用品、冲洗设备、应急撤离通道和必要的泄险区。生产企业和劳务用人单位要定期对员工进行培训和演练（如图 5-10 所示）。

图 5-10 生产企业和劳务用人单位要定期对员工进行培训和演练

作业工人，要遵守企业的规章制度，在工作过程中应严格按科学规律办事，不能蛮干；应自觉遵章守纪，严守操作规程；应保持良好的思想情绪，自觉使用好个人防护用品。

项目 6 职业病防护措施及其操作

任务 6.1 粉 尘

预习作业单

任务 6.1 粉尘
预习时间________年_____月_____日至________年_____月_____日
预习知识点
预习技能目标
重点和难点预习情况
预习小结
预习自我评价

6.1.1　粉尘防护措施概述

在物流企业生产劳动的工作环境中，普遍存在粉尘。粉尘会对人体健康带来不良影响，严重者可引起尘肺病及其他疾病。粉尘带来的危害虽然严重，但可以通过有效的手段加以预防及隔绝，使粉尘对人体的危害降到最低。其中，加强预防控制是关键，第一是对“危害源”的控制，如将污染源密闭，将空气中的粉尘浓度控制在国家标准范围内；第二是采取有效的个体防护措施，如戴防尘口罩、穿防护服等，在这个环节中，除了用人单位配备有效的防护用品外，劳动者本人还必须正确持续使用；第三要在工作场所设置职业病危害警示标识及公告，让劳动者能直接明了地知道粉尘对自身的危害，提高对自身的防护意识。

经典的防尘措施为“八字方针”，即“革、水、密、风、护、管、教、查”，具体如图 6−1 所示。

图 6−1　粉尘防护“八字方针”

工作场所职业病危害警示标识及公告指的是在工作场所中设置的可以使劳动者

对职业病危害产生警觉，并采取相应防护措施的警示标识、警示线、警示语句、文字公告、图片和视频等相关内容。

用人单位应将工作场所可能产生的职业病危害如实告知劳动者，在醒目位置设置职业病防治公告栏。产生职业病危害的工作场所，应当在工作场所入口处及产生职业病危害的作业岗位或设备附近的醒目位置设置警示标识，在产生粉尘的工作场所设置“注意防尘”“戴防尘口罩”“注意通风”等警示语句。部分防尘警示标识如图 6–2 所示。

图 6–2 部分防尘警示标识

6.1.2 对粉尘防护的技术技能

粉尘的防护对策应对工艺、设备、物料、操作条件及方式、职业健康防护设施、个人防护用品等技术措施做优化、组合，进行综合治理。

1. 消除或减弱粉尘发生源

在工艺方面选用不产生或产生少量粉尘的工艺，选用抑尘降尘的设备，操作人员按要求佩戴合格有效的防护用品，是消除或减弱粉尘危害的根本途径。具体要求如下：

① 作业场所中的固定作业工位应处于场所内通风良好和空气相对洁净的地方。

② 污染大与污染小的作业点要分开布局。

③ 极易产生粉尘的作业宜固定作业场地，以便于采取防尘措施。

④ 在极端天气条件下，如大风天气，应考虑作业前洒水降尘或暂停作业。

2. 限制、抑制粉尘和粉尘扩散

采取密闭管道输送、密闭设备加工，或在不妨碍操作的条件下也可采取半封闭的屏蔽、隔离设施，防止粉尘外逸或将粉尘限制在局部范围内减少扩散。例如，降低物料落差，减少扬尘；对物料和粉尘应尽量采取增湿、喷雾、喷蒸汽等措施，减少在运输、碾碎、筛分、混合和清理过程中粉尘扩散。在使用作业设备和进行作业时，应为除尘系统的合理布置提供必要的条件，如风管的敷设、操作平台的位置、除尘抑尘的设备、粉尘集中收集及处理等均应考虑在内。具体要求如下：

① 凡产生粉尘危害的定型设备，如清筛机、皮带式输送机、卸料机、堆高机等设备，在采购时应配置相应的抑尘密闭罩；非标准设备在设计时应附有防尘设施。老旧设备应考虑升级并定制相关防尘抑尘配件。

② 散粒状干物料的装卸及运输、输送，宜采取密闭化、管道化、机械化和自动

化措施；粉状料宜采用密闭性较好的集装箱、袋或料罐车输送，如特殊原因不能采取集装箱、袋或料罐车输送的，应采取临时遮盖的措施，并缩短输送距离，减少转运点。

③ 粮食、白糖、散粒状化肥等货物，宜存放在专用的散货仓库（可根据所在区域的环境考虑钢结构仓库或钢筋混凝土结构仓库），仓库要有一定的通风除尘设备。

④ 煤炭、矿石、稀土、硫黄等货物，可堆存于专用仓库或堆场。如果堆存于堆场，则应在采取因夏季高温可能有的货物自燃的处置手段后，货物应张盖防风抑尘篷布，有条件的可以增设喷雾器补充降尘措施。

⑤ 堆放场所应做好分类分区，易受污染的货物应在较好的场所存放，且应考虑在场所之间做围墙、沟槽、防风网等分隔，也应定期安排专业人员对围墙、沟槽、防风网上积累的粉尘等物质进行清理、收集。

3. 个人防护

1）途径

粉尘对人体的侵害途径有 3 种：

一是吸入，通过呼吸道进入体内：

二是通过人体表面汗腺、皮脂腺、毛囊进入体内；

三是食入，通过消化道进入体内。

2）防护对策

依据粉尘对人体的危害方式和伤害途径，进行有针对性的个人防护，具体如下：

一是切断粉尘进入呼吸系统的途径。依据不同性质的粉尘，佩戴不同类型的防尘口罩、防尘面罩、呼吸器；对某些有毒粉尘，还应佩戴防毒面具。

二是阻隔粉尘对皮肤的接触。正确穿工作服（有的还需要穿连裤、连帽的工作服），戴头盔（人体头部是汗腺、皮脂腺和毛囊较集中的部位）、眼镜等。

三是禁止在粉尘作业现场进食、抽烟、饮水等。

个人防护示例如图 6-3 所示。

图 6-3 个人防护示例

6.1.3　个人防护用品

粉尘主要通过呼吸道进入人体。在有粉尘的作业环境中，作业工人须佩戴防尘口罩。防尘口罩是依靠过滤元件将空气中粉尘过滤后供呼吸的呼吸器，使用中依靠佩戴者自主呼吸克服过滤元件阻力，属于负压呼吸器，使用时有明显的呼吸阻力。

防尘口罩可预防和减少粉尘等颗粒物经呼吸道进入人体。防尘口罩不仅要起到防御作用，还要适应作业条件、劳动强度等方面的需要。防尘口罩主要包括随弃式防尘口罩和可更换式半面罩。

① 随弃式防尘口罩。也叫作一次性防尘口罩，可分为无呼气阀（见图 6–4）和有呼气阀（见图 6–5）两种。这种口罩没有可更换的部件，当任何部件损坏或失效时应整体废弃，适合短时间在粉尘环境下使用，主要为参观、检查、学习等临时进入工作场所的人员配备。

② 可更换式半面罩。此类防尘口罩除面罩本体不能更换外，过滤元件、吸气阀、呼气阀及头带都可以更换。它一般采用无味、无过敏、无刺激的高效过滤材料，可以有效地隔滤和吸附粉尘，并且设计带呼气阀以减少热量积聚。这种防尘口罩与人体脸部的密闭性也相对较好，长时间佩戴对面部的压迫感较小，是目前最常用的一种防尘口罩，如图 6–6 所示。

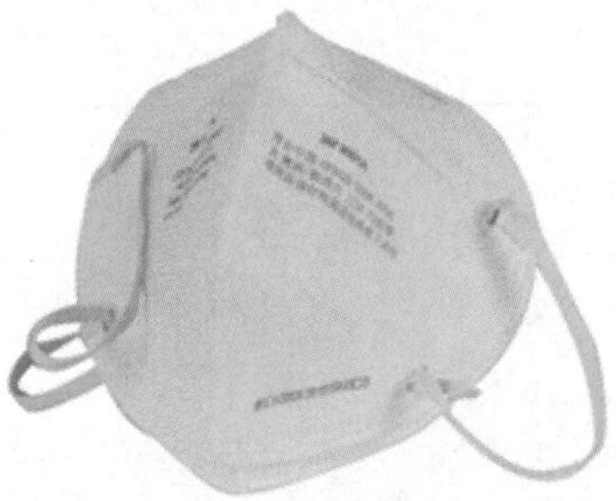

图 6–4　无呼气阀随弃式防尘口罩

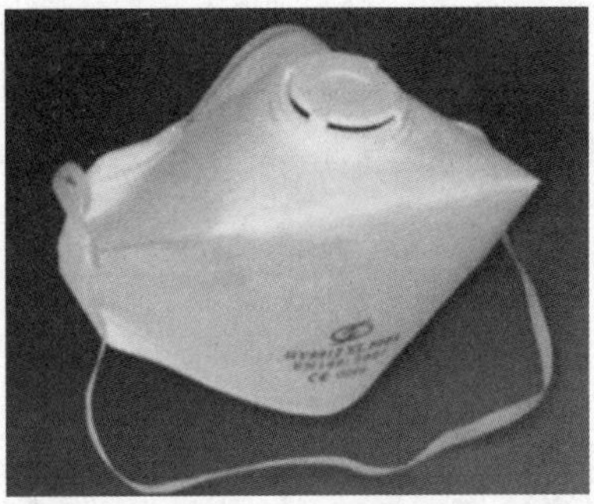

图 6–5　有呼气阀随弃式防尘口罩

图 6–6　可更换式半面罩

任务 6.2　化学性毒物

预习作业单

任务 6.2　化学性毒物
预习时间________年_____月_____日至________年_____月_____日
预习知识点
预习技能目标
重点和难点预习情况
预习小结
预习自我评价

物流企业的作业场所除了有粉尘、噪声之类的职业病危害因素外，还有可能存在对人体有害的各种化学物质，如有毒气体、腐蚀性气体、液体和固体等。

6.2.1 基本要求

① 企业应为作业人员提供符合职业卫生要求的工作环境和条件，为接触职业病危害因素的作业人员提供个人防护用品，建立、健全职业卫生档案和健康监护档案。

② 产生职业病危害的工作场所应设置相应的职业病防护设施，并符合相关法律、法规、标准、规范等规定。

③ 企业应确保使用有毒、有害物质的工作场所与生活区、辅助生产区分开，工作场所不应住人；应将有害作业与无害作业分开，将高毒工作场所与其他工作场所隔离。

④ 对可能导致急性职业病危害的有毒、有害工作场所，应设置检测报警装置，制定应急预案，配置现场急救用品、设备，设置应急撤离通道和必要的泄险区，并定期检查、监测。

⑤ 企业应组织作业人员进行上岗前、在岗期间、特殊情况应急后和离岗时的职业健康检查，将检查结果书面如实告知作业人员并存档。检查结果异常的作业人员应及时就医，并定期复查。企业不应安排未经职业健康检查的作业人员从事接触职业病危害的作业；不应安排有职业禁忌证的作业人员从事禁忌作业。

⑥ 各种防护用品、各种防护器具应定点存放在安全、便于取用的地方，建立台账，并有专人负责保管，定期校验、维护和更换。

⑦ 涉及放射线工作场所和放射性同位素运输、储存的企业，应配置防护设备和报警装置，为接触放射线的作业人员配备个人剂量计并使之正确佩戴。

6.2.2 职业危害告知

企业在与作业人员订立劳动合同时，应将工作过程中可能产生的职业病危害及其后果和防护措施如实告知作业人员，并在劳动合同中写明。

企业应按照规定在醒目位置设置公告栏，公布有关职业病防治的规章制度、操作规程、职业病危害事故应急救援措施和工作场所职业病危害因素检测结果。对存在或产生职业病危害的工作场所、作业岗位、设备、设施，应在醒目位置设置警示标识和中文警示说明；使用有毒物品的作业场所，应设置警示标识和中文警示说明；高毒作业场所应设置红黄色区域警示线、警示标识和中文警示说明，并设置通信报警设备。

6.2.3 职业病危害检测与评价

企业应改善工作场所职业卫生条件，控制职业病危害因素的浓（强）度不超过相关国家标准限值。

企业应对工作场所职业病危害因素进行日常监测，并保存监测记录。定期检测结果中职业病危害因素浓度或强度超过职业接触限值的，企业应根据职业卫生技术服务机构提出的整改建议，结合本单位的实际情况，制定切实有效的整改方案，立即进行整改。整改落实情况应有明确的记录并存入职业卫生档案备查。

6.2.4　警示标识

企业应按照有关规定和工作场所的安全风险特点，在有重大危险源、较大危险因素和严重职业病危害因素的工作场所，设置明显的、符合有关规定要求的安全警示标识和职业病危害警示标识。安全警示标识和职业病危害警示标识应标明安全风险内容、危险程度、安全距离、防控办法、应急措施等内容；在有重大隐患的工作场所和设备设施上设置安全警示标识，标明治理责任、期限及应急措施；在有安全风险的工作岗位设置安全告知卡，告知作业人员本企业、本岗位主要危险有害因素及后果、事故预防及应急措施、报告电话等内容。

企业应定期对警示标识进行检查维护，确保其完好有效。

企业应在设备设施施工、吊装、检修、维修等作业现场设置警戒区域和警示标识，在检修、维修现场的坑、井、渠、沟、陡坡等场所设置围栏和警示标识，进行危险提示、警示，告知危险的种类、后果及应急办法。

6.2.5　个人防护用品

对于化学性有毒气体，一般佩戴防毒口罩。防毒口罩一般由面罩、过滤件和导气管组成，它利用面罩与人面部形成密合，使人的呼吸器官与周围有毒有害环境隔离，依靠佩戴者呼吸克服部件阻力，通过过滤件（滤毒罐）中吸附剂的吸附、吸收和过滤作用，将外界有毒、有害气体或蒸气、颗粒物进行净化，为人体提供洁净空气。

防毒口罩按结构不同分为直接式和导管式。直接式防毒口罩的特点是体积小、重量轻、便于携带、使用简便，是目前使用最为普遍的一种防毒面具，如图 6-7 所示。导管式防毒口罩防护时间较长，一般供专业人员使用，如图 6-8 所示。

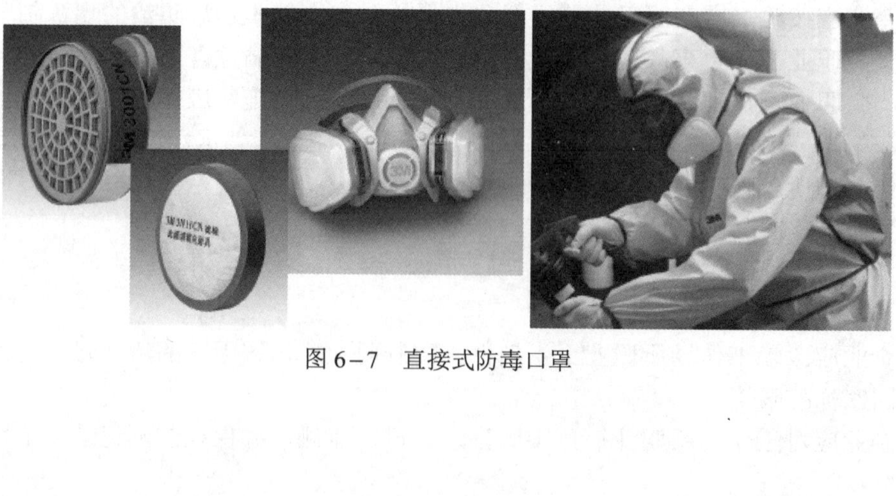

图 6-7　直接式防毒口罩

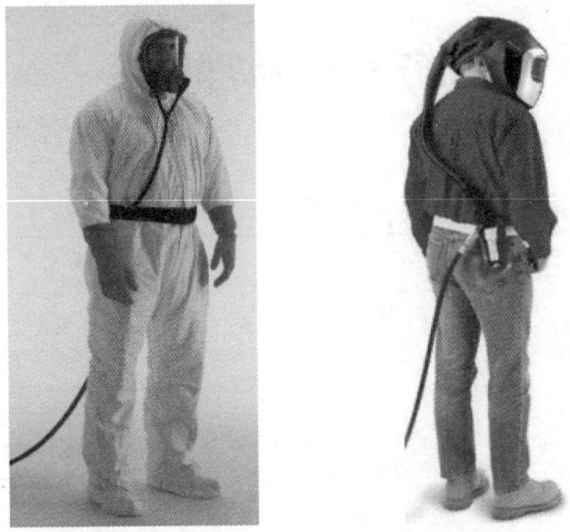

图 6–8　导管式防毒口罩

针对不同毒物存在的状态和性质，还需要佩戴防护手套、防护眼镜，穿着防护服、防护鞋等。

化学物质防护用品选用标准如表 6–1 所示。

表 6–1　化学物质防护用品选用标准

分类	要求
窒息气体	隔绝式正压呼吸器
无机气体、有机蒸气	防毒面罩类型： 工作场所毒物浓度超标不大于 10 倍，使用送风或自吸过滤半面罩； 工作场所毒物浓度超标不大于 100 倍，使用送风或自吸过滤全面罩； 工作场所毒物浓度超标大于 100 倍，使用隔绝式或送风过滤式全面罩
酸、碱性溶液及蒸气	防酸、碱面罩，防酸、碱手套，防酸、碱服，防酸、碱鞋

任务6.3　物理因素

预习作业单

任务6.3　物理因素
预习时间________年_____月_____日至________年_____月_____日
预习知识点
预习技能目标
重点和难点预习情况
预习小结
预习自我评价

6.3.1 噪声

噪声在我们生活中无处不在，大街上小贩的叫卖声、马路上汽车的鸣笛声、工厂里机器的轰鸣声等都是噪声。通俗来讲，任何频率和强度杂乱无章、没有规律，听起来令人心烦或不需要的声音都可视其为噪声。噪声，尤其是强度过大的噪声，不仅使人的心理情绪恶化，而且会损伤人体听觉器官，噪声无时无刻不在干扰着人们的生活与工作。既然噪声对我们有这么大的危害，我们就必须采取措施最大限度地降低噪声，通过控制和预防噪声，积极保护我们的身心健康。

噪声污染防护防治方法是对人类生活和生产有妨碍的声音实行综合预防与控制的工程技术方法。噪声传播一般为三个阶段，即噪声源—传播途径—接收者，因此防治噪声的基本途径是：

① 减少噪声源。

② 降低噪声源的噪声反射率，利用声的吸收、反射、干涉等特性控制噪声源的辐射。

③ 对已产生的噪声采取防护措施，并制定噪声标准和加强有关管理工作。

1. 噪声源控制

① 消除、控制噪声源是最彻底也是最有效的根本措施。企业在规划设计厂房时，要和卖方确立可以接受的噪声标准，并形成文件，只有符合噪声标准的厂房、设备，企业才购买，不合格的坚决不购买，因此要求企业的管理、采购等部门及人员要具备噪声控制的基本知识，承担起相应的责任。布局机器设备时，要遵循一个简单的原则，把噪声水平大体相当的机器、工序和工作区域靠在一起，用中等噪声水平的区域作为缓冲区，将噪声特别大和特别安静的区域分开。

② 改造噪声源，也可以从根本上减少噪声。通过改造机械设备、改变加工工艺方法、提高机器的精密度、减少摩擦和撞击等来降低噪声强度。

③ 给噪声源安装具有吸声功能的围护物，在噪声源和接收者之间设置隔声屏障，从而切断噪声的传播途径，也能有效控制噪声。改造了噪声源，控制了传播途径，可是难免还会有噪声，这时要想办法保护噪声的接收者。作业场所宜远离办公区域、生活区域，使噪声源远离需要安静的地方。利用吸收、反射、干扰等技术，控制噪声辐射传播，如在作业场所周边建立隔声屏障；在建筑内作业的场所，建筑物宜使用吸声材料和吸声结构。

2. 工作场所警示标识

在工作场所应设置可以使劳动者对噪声职业病危害产生警觉，并采取相应防护措施的警示标识、警示线、警示语句。

在产生噪声的作业场所，设置“噪声有害”警告标识和“戴护耳器”指令标识，如图 6-9 所示。

图6-9 噪声警示标识

3. 个体防护

减少在噪声环境中的暴露时间，应合理制定作业计划，间断作业，并佩戴护耳器、降噪耳塞、降噪耳罩等。

4. 管理方面的主要措施

在生产作业操作规程中，应制定和执行合理的防治噪声、减噪降噪制度，执行国家、地方、企业的噪声控制的有关标准及法规、规范、规程。

企业应加强宣传教育和行政管理。在经费预算中有噪声防护方面的投入，在作业人员上岗前、作业前、作业时严格落实培训与监督工作，并针对人员防护制定一定奖惩制度，让作业人员能主动防护。

6.3.2 高温和紫外线

物流企业存在的高温和紫外线职业风险主要在自然界中产生，由日光辐射引起，出现于夏季，主要是每年的七八月份。各地区的纬度、海拔高度和当地气候特点决定了当地夏季高温的炎热程度和持续时间。这种自然高温的特点是作用面广，受影响最大的是露天作业者。

露天作业者除受太阳的直接辐射作用外，还受被加热的地面和周围物体放出的辐射线作用。露天作业中的热辐射强度通常持续时间较长，加之中午前后气温较高，形成高温与热辐射的联合作业环境，容易对作业人员身体造成损害。

环境温度过高、湿度过大、风速过小、劳动强度过大、劳动时间过长等是导致中暑的主要致病因素。另外，过度疲劳、睡眠不足、营养不良、年老体弱、肥胖、尚未产生热适应等也易诱发中暑。在高温环境作业一段时间后，若出现不适症状，应注意考虑是否中暑，并及时采取措施，具体如下：

① 在夏季高温天气期间应减少露天作业环节，穿长袖工作服。做好设备的保养、维修及安装和添置工作，室内安装空调、冷气机等降低作业场所的温度，光线直射的窗户应安装窗帘或遮阳篷等。

② 患有不适合高温、高湿作业疾病的员工，应避免高温、高湿作业，并加强预防保护。特殊时期的女职工和未成年工要重点保护。

③ 在高温天气期间，应适当调整夏季高温作业劳动和休息制度，增加休息时间

和减轻劳动强度，减少高温时段作业，休息地点应远离热源，应备有清凉饮料、风扇、洗澡设备等，有条件的可在休息室安装空调或采取其他的防暑降温措施。

④ 劳动者本人应遵守高温作业安全规程和卫生保健制度。

6.3.3　振动

预防和控制振动对人体健康的危害，减少以至消除手传振动病的发生和流行，应采取综合措施，从根本上减少、控制振动源，进行减振、防振、隔振等工艺改革，限制接触振动的强度和时间，控制作业环境的危害因素，加强健康管理和个人防护等。

工作场所的振动危害的预防及控制的基本措施，包括工程技术措施、组织管理措施、个人防护措施、职业卫生及医疗措施等。

个人振动防护用品的作用与安装在机器上的隔振装置的作用是一样的，都是减少振动的传递，不同之处在于个人防护用品都是佩戴在人的身体上的，如手套、鞋或可移走的坐垫等。个人防护用品还包括防寒保温及其他类型的防护装备。从事振动操作的工作人员应当按照规定佩戴符合规范的个人防护用品。

任务 6.4　个人防护用品

预习作业单

任务 6.4　个人防护用品
预习时间＿＿＿＿年＿＿＿月＿＿＿日至＿＿＿＿年＿＿＿月＿＿＿日
预习知识点
预习技能目标
重点和难点预习情况
预习小结
预习自我评价

6.4.1　佩戴防尘口罩

1. 防尘口罩的选择

作业人员的粉尘个人防护用品有防尘口罩、防尘面罩、防尘眼镜、防护服等。其中，防尘口罩、防尘面罩也有相应的等级，选用的防尘口罩或防尘面罩作为特种劳动防护用品，必须符合《呼吸防护　自吸过滤式防颗粒物呼吸器》(GB 2626—2019）规定。

防尘口罩分为一次性防尘口罩、可更换过滤元件的半面罩和全面罩。当用于长期作业场所的职业防护时，建议使用可换滤棉式半面罩。对于短期定时的作业，可以选择一次性防尘口罩。复式半面罩材料有硅胶、塑料等，硅胶材质相对柔软舒适些，面部压感低。根据《呼吸防护　自吸过滤式防颗粒物呼吸器》(GB 2626—2019)，过滤元件按过滤性能分 KN 和 KP 两类，KN 类只适用于过滤非油性颗粒物，KP 类适用于过滤油性和非油性颗粒物。根据过滤效率水平，过滤元件的级别分为 KN90、KN95、KN100 或者 KP90、KP95、KP100。

① 一般粉尘，如煤尘、水泥尘、木粉尘、云母尘、滑石尘及其他粉尘，应选择过滤效率至少满足《呼吸防护　自吸过滤式防颗粒物呼吸器》(GB 2626—2019）规定的 KN90 级别的防颗粒物呼吸器。

② 矽尘、金属粉尘（如铅尘、镉尘)、砷尘、烟（如焊接烟、铸造烟)，应选择过滤效率至少满足《呼吸防护　自吸过滤式防颗粒物呼吸器》(GB 2626—2019）规定的 KN95 级别的防颗粒物呼吸器。

③ 石棉粉尘，应选择可更换过滤元件的防颗粒物半面罩或全面罩，过滤效率至少满足《呼吸防护 自吸过滤式防颗粒物呼吸器》(GB 2626—2019）规定的 KN95 级别的防颗粒物呼吸器。

④ 放射性颗粒物，应选择过滤效率至少满足《呼吸防护 自吸过滤式防颗粒物呼吸器》(GB 2626—2019）规定的 KN100 级别的防颗粒物呼吸器。

⑤ 致癌性油性颗粒物（如焦炉烟、沥青烟等)，应选择过滤效率至少满足《呼吸防护 自吸过滤式防颗粒物呼吸器》(GB 2626—2019）规定的 KP95 级别的防颗粒物呼吸器。

防尘口罩面罩有覆盖口鼻和覆盖口鼻、下颌 2 种，其中第二种接触面大，密合性好，压感低。选择防尘口罩时，应选择呼吸阻力低的。国标规定其吸气阻力＜350 Pa，有的仅有 120 Pa 左右，呼吸阻力低的口罩佩戴起来使人呼吸顺畅。

2. 防尘口罩的正确佩戴

随弃式防尘口罩的种类较多，但佩戴方法大致相同，如图 6-10 所示。

① 佩戴口罩后调整头带或耳带位置。

② 按自己鼻梁的形状塑形鼻夹。

③ 佩戴气密性检查：一种是正压方法，即用双手捂住口罩边缘用力吹气，如果能感觉口罩微微隆起，说明气密性良好；另一种是负压方法，即用双手捂住口罩边缘用力吸气，如果口罩有塌陷感，说明气密性良好。如遇气密性不良情况，可重新

调整口罩佩戴位置或调节鼻夹直至气密性良好后才能进入工作场所。

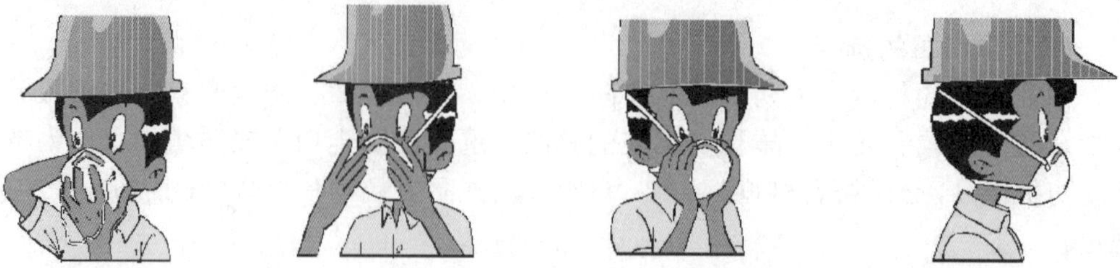

图6-10 随弃式防尘口罩的佩戴方法

3. 可更换式半面罩的佩戴

可更换式半面罩的种类较多，但佩戴方法大致相同，具体如下：

① 佩戴之前应安装好过滤元件，并将头带调整至最松状态。

② 佩戴上面罩后首先将头带调整到适当位置。

③ 调整颈部头带，用两手分别抓住面罩两侧，罩住口鼻部位，拉紧头带，使面罩与脸部严密贴合。

④ 佩戴气密性检查：一种是正压方法，即用手捂住呼气阀出口，用力呼气，如感觉面罩稍隆起，说明气密性良好；另一种是负压方法，即用双手掌心堵住呼吸阀体进出气口，然后吸气，如果面罩紧贴面部、无漏气，说明气密性良好，否则应查找原因，调整佩戴位置，直至气密性良好。

另外，在佩戴可更换式半面罩时，应注意不要让头带和头发压在面罩密合框内。使用者在佩戴面罩之前应当将自己的胡须剃刮干净。

日常作业中常见错误佩戴方法如图6-11所示。

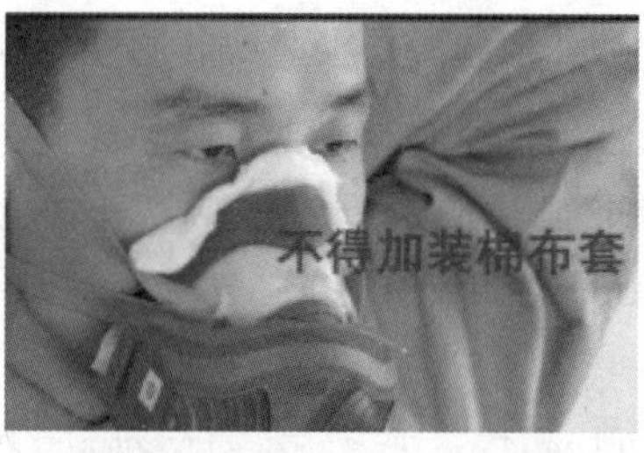

(a) 面罩与面部之间的密合性不够

(b) 面罩头带未贴住头部

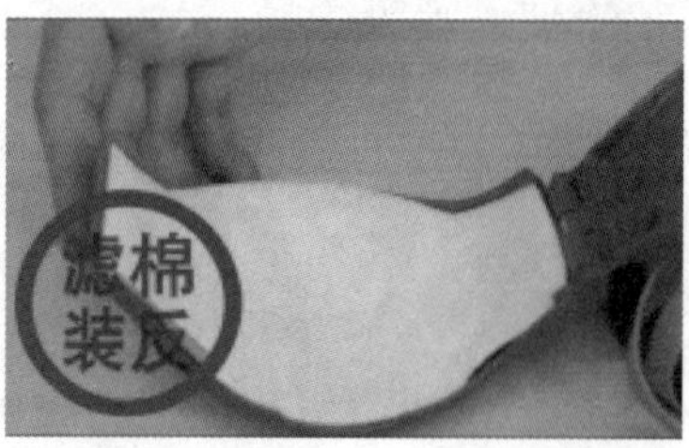

(c) 滤棉的安装方向不正确

(d) 安装多片滤棉

图6-11 常见错误佩戴方法

6.4.2 佩戴护耳器

1. 护耳器的分类

用于预防噪声危害的个人防护用品是护耳器，分耳塞和耳罩两大类。

耳塞是可以插入外耳道的有隔声作用的个人防护用品，按性能可分为泡棉类和预成型两类。

1）耳塞

① 泡棉类耳塞使用发泡型材料，压扁后回弹速度较慢，作业人员有足够时间将揉搓细小的耳塞插入外耳道，耳塞慢慢膨胀将外耳道封堵，起隔声作用。

② 预成型耳塞由合成类材料（如橡胶、硅胶、聚酯等）制成，预先模压成某些形状，可直接插入外耳道。

2）耳罩

耳罩的形状像耳机，用隔声罩将外耳罩住，两耳罩之间用有适当夹紧力的头带或颈带将耳罩固定在头上，也可以有插槽与安全帽配合使用。

2. 护耳器的特点

1）耳塞的特点

① 体积小，便于携带，也容易丢失（可以选择带线耳塞加以解决）。

② 不妨碍其他个人防护用品的佩戴。

③ 在湿热环境，长时间佩戴耳塞比耳罩舒适。

④ 佩戴耳塞需要一定的技巧，需要经过培训。

⑤ 泡棉类耳塞需要用手揉搓，不适合平时手脏的人使用。

2）耳罩的特点

① 佩戴方法比耳塞简单，佩戴位置稳定。

② 体积大，有可能会与其他个人防护用品（安全帽、防尘眼镜、防尘面罩、防尘口罩、呼吸器等）产生冲突。

③ 户外、寒冷作业人员使用时可同时起到保暖效果。

④ 使用寿命较长，平时需要维护保养。

3. 使用护耳器时要考虑的因素

选择护耳器时，要考虑作业条件和使用者的特殊需求，具体如下：

① 要有合适的降噪效果。

② 要符合现场环境的要求，如在湿热环境中尽可能选用耳塞。

③ 不干扰其他个人防护用品的使用，如同时使用安全防护眼镜、防尘口罩、防尘面罩时，应尽量选用耳塞，不但舒适性相对较高，使用者愿意佩戴，而且能保证有足够的佩戴时间。

4. 护耳器使用佩戴规程

进入噪声作业场所前：

① 检查耳塞、耳罩是否完好。

② 按照正确佩戴方法进行佩戴。

③ 做佩戴密合性检查。

在噪声工作区域始终都要坚持正确佩戴。

离开工作岗位和工作场所后：

① 到达安全区域后，摘下耳塞、耳罩。

② 按照产品使用说明，正确清洗可重复使用的耳塞、耳罩。

5. 正确佩戴护耳器

使用者在使用耳塞、耳罩前，应认真阅读产品使用说明书，并按照产品使用说明正确佩戴。注意事项如下：

① 佩戴泡棉类耳塞之前，应先清洗双手。

② 左耳佩戴耳塞时，一边用左手将耳塞压扁、揉细，一边用右手从头的后方向上、向外拉左耳耳廓，尽量把耳道拉直，同时用左手将耳塞塞入耳道，耳塞膨胀后在耳道内成形，堵住耳道。

③ 用同样的方法佩戴右耳耳塞。

④ 佩戴预成型耳塞也必须用手拉直耳道，插入耳塞前不需要揉搓，直接将耳塞插入耳道即可。

⑤ 在噪声场所要始终坚持佩戴耳塞、耳罩。

⑥ 摘除耳塞时，用手旋转耳塞，慢慢地将耳塞转出耳道，切忌将耳塞快速、直接地拽出耳道。

耳塞的正确使用步骤如图 6-12 和图 6-13 所示。

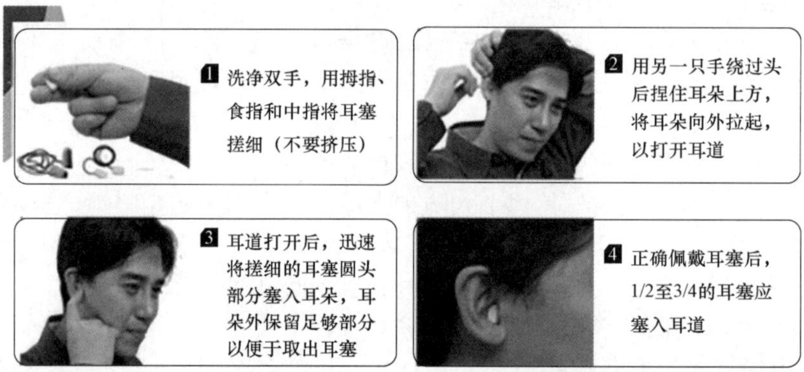

图 6-12 耳塞的正确使用步骤（免保养泡棉类耳塞）

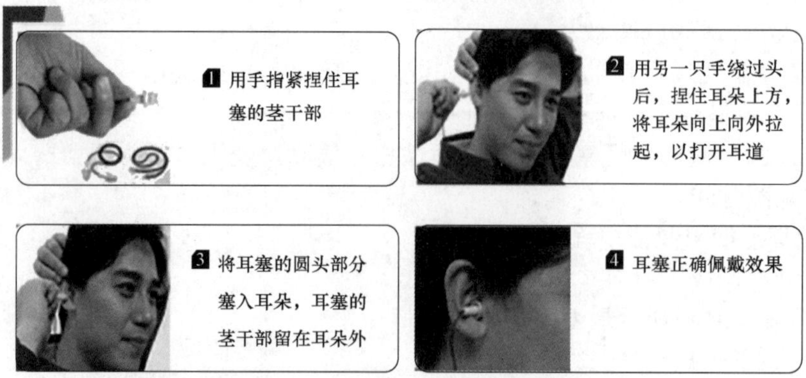

图 6-13 耳塞的正确使用步骤（可重复使用预成型耳塞）

正确佩戴耳罩操作如图 6–14 和图 6–15 所示。

➢ 使用耳罩时，应先检查罩壳有无裂纹和漏气现象，佩戴时应注意罩壳的方向，顺着耳廓的形状戴好

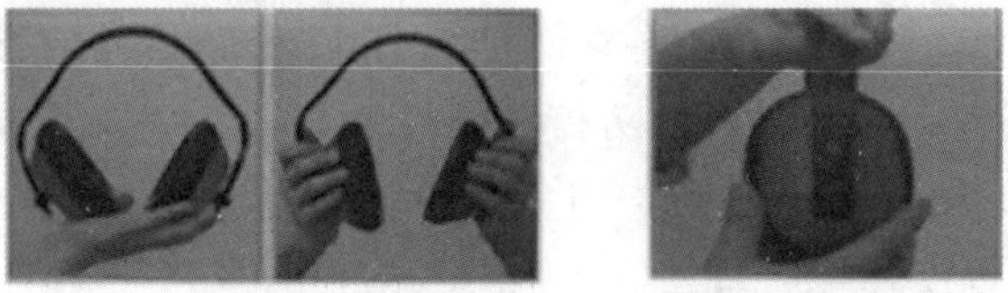

图 6–14 正确佩戴耳罩操作之一

➢ 将连接弓架放在头顶适当位置，尽量使耳罩软垫圈与周围皮肤相互密合。当不合适时，应稍事移动耳罩或弓架，将其调整到合适位置

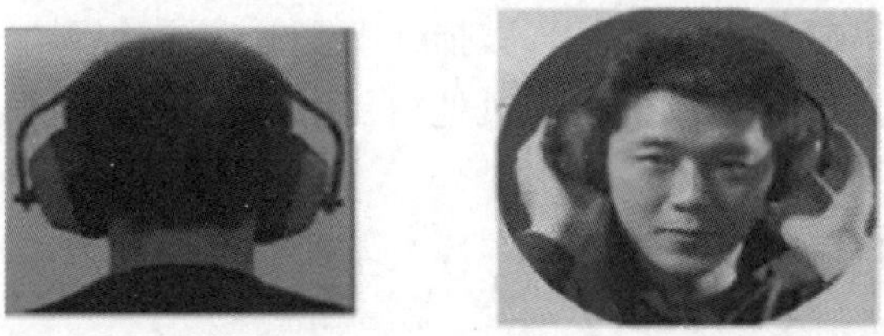

图 6–15 正确佩戴耳罩操作之二

6. 检查耳塞的佩戴效果

佩戴好耳塞后，应做耳塞佩戴气密性检查，如图 6–16 所示。

(1) 佩戴耳塞。

(2) 倾听稳态噪声。

(3) 用双手紧紧地捂住双耳，然后放开：

——如果耳塞佩戴良好，双耳捂住和没捂住双耳时听到的声音的大小差别很小；

——如果是在安静的环境中佩戴，你可以说话，自己说话的声音听起来应比平常更大一些，并且有一点沉闷或变形

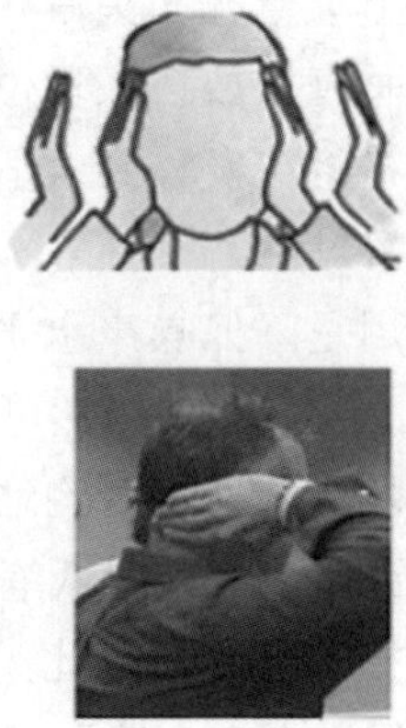

图 6–16 检查耳塞的佩戴效果

尽管佩戴耳塞、耳罩后，会有一些不舒适、不适应，感觉说话沟通受到影响，但为了保护好自己的听力及自己和家人的未来，在噪声工作场所应始终坚持正确佩戴耳塞、耳罩。

噪声对听力的损害与暴露时间和暴露强度有关，佩戴时间不足往往是导致防护

失效的一个重要原因。如某工作场所操作人员需要 8 h 佩戴耳塞、耳罩，所使用的耳塞、耳罩的标称降噪值为 30 dB（A），则佩戴时间与防护效果的关系如下：

① 佩戴 8 h（100%时间），能够取得 30 dB（A）的降噪效果。

② 佩戴 7.5 h（93.7%时间），有效防护只有 12 dB（A）（40%防护效果）。

③ 佩戴 4 h（50%时间），有效防护 3 dB（A）（10%有效防护）。

可见，佩戴时间缩短，有效防护将大打折扣。

7. 正确维护和更换耳塞、耳罩

耳塞、耳罩的使用寿命是有限的，需要更换和维护。不同产品的维护、保养和更换要求各不相同，使用者应认真阅读产品使用说明书，按要求正确地维护和更换。

1）耳塞的正确维护和更换

① 不能水洗的耳塞，脏污、破损时应废弃，更换新的。

② 能水洗、可重复使用的耳塞，破损或变形时应更换。

③ 清洗耳塞后，应将其放置在通风处自然晾干，不可暴晒。

2）耳罩的正确维护和更换

① 耳罩垫圈可用布蘸肥皂水擦拭干净，不能将整个耳罩浸泡在水中，尽可能不要接触化学物质。

② 耳罩垫圈长期使用后会老化或破损，应根据制造商的建议适时更换配件。

③ 耳罩头带变松后，耳罩将不能与耳朵很好地密合，需更换新耳罩。

④ 耳罩应在清洁、干燥的环境中储存，避免阳光直晒。

不同的耳罩，佩戴和调整的方法略有不同，应详细阅读产品说明书。需要注意的是，应尽量调节耳罩杯在头带、颈带上的位置，使两耳位于罩杯中心，并完全覆盖耳廓；头带应垂直安放在头顶位置。另外，头发、胡须、耳饰等都可能影响耳罩的密封性，应尽量将头发移到合适的位置，当耳饰影响密封性时，应摘下耳饰，以保证耳罩垫圈的密封性。

护耳器的作用是降低噪声水平，佩戴护耳器后，使用者仍然可以听到一定强度的声音，就像戴上太阳镜后仍然可以看见周边环境一样。

在噪声工作场所需要短时沟通交流时，在条件许可情况下，尽量靠近工友，并提高音量，大声说话，或使用纸笔书写交流。

可以使用一按即听耳罩，此类耳罩通过伺服电路功能将外界声音还原或放大至额定声压级，让佩戴者在电路开启时能较为清晰地听到外界环境的声音。

使用降噪通信产品的护耳器可以与无线电对讲机、数字无绳电话或移动电话连接，在降噪的同时，提高沟通的清晰度、准确性和便利性，在军事、石化、机场、建筑、救援等方面有很好的应用。

情景考评

学习完本情景之后，请根据自己的学习所得，结合下表所列内容进行评价打分。

评价内容	评价方式			评价等级
	自评	组评	师评	
课前预习本情景的相关知识、相关资料				A. 充分 B. 一般 C. 不足
理解职业病防护措施的定义与内涵				A. 充分 B. 一般 C. 不足
掌握防尘口罩的分类和使用				A. 充分 B. 一般 C. 不足
掌握耳塞的正确使用和注意事项				A. 充分 B. 一般 C. 不足
掌握各种职业病防控措施				A. 充分 B. 一般 C. 不足
开展实地考察的实践情况				A. 充分 B. 一般 C. 不足
参加教学中的讨论并积极完成相关任务				A. 充分 B. 一般 C. 不足
团队成员合作情况				A. 充分 B. 一般 C. 不足
学习态度、完成作业情况				A. 充分 B. 一般 C. 不足
总评				

复习思考题

1. 试述经典的防尘措施“八字方针”的内容。
2. 如何选择防尘口罩？
3. 图6–17和图6–18所示口罩佩戴方法是否正确？为什么？
4. 佩戴耳塞或耳罩的注意事项有哪些？
5. 防化学性毒物的主要措施有哪些？
6. 降低噪声对工作人员危害的措施有哪些？
7. 降低高温对工作人员危害的措施有哪些？
8. 简述进入企业工作场所时应如何做好个人防护，可抽取人员进行模拟。

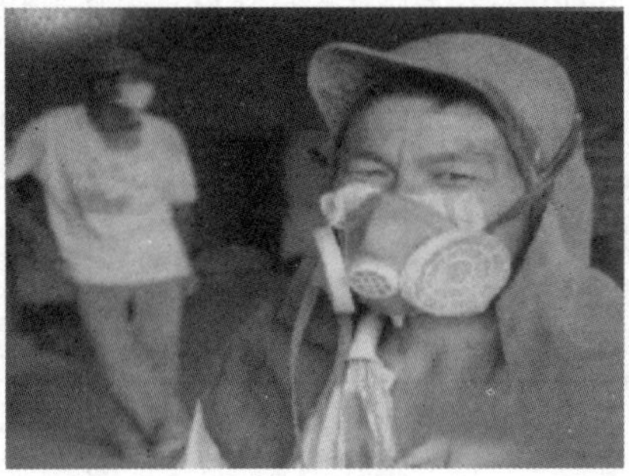

图6–17 口罩佩戴（一）

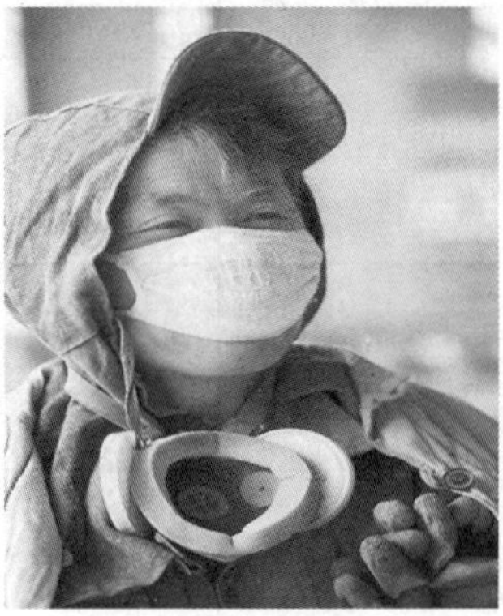

图6–18 口罩佩戴（二）

情景 4

职业健康监护与职业健康检查

本情景知识结构导图

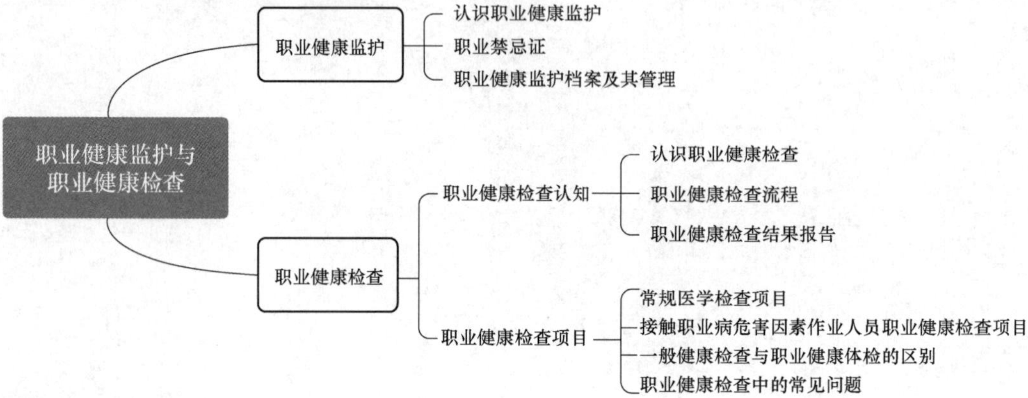

课前思考

谈谈你对医院检查身体的了解情况。平时身体不舒服去医院检查和参加工作之前的体检有什么不同？参加工作之前的体检与工作岗位、性质有关系吗？参加工作之前的体检是必须的吗？

岗位要求

1. 掌握职业健康监护的定义及分类。
2. 了解职业健康检查的必要性。
3. 了解职业禁忌证和处置情况。

学习目标

知识目标	1. 掌握职业健康监护的定义及职业健康检查分类； 2. 了解职业禁忌证； 3. 了解职业健康检查操作流程
技能目标	能够概述职业健康监护的定义及职业病健康体检的类别及其意义
素质目标	培养职业健康监护、切实保护劳动者健康的思想

学习重点、难点

学习重点	职业健康监护的定义、目的及职业健康检查分类
学习难点	各类职业健康检查的目的和意义

项目 7　职业健康监护

预习作业单

项目 7　职业健康监护
预习时间________年_____月_____日至________年_____月_____日
预习知识点
预习技能目标
重点和难点预习情况
预习小结
预习自我评价

任务 7.1　职业健康监护认知

职业健康监护是指以预防为目的，根据劳动者的职业接触史，通过定期或不定期的医学健康检查和健康相关资料的收集，连续性地监测劳动者的健康状况，分析劳动者健康变化与所接触的职业病危害因素的关系，并及时地将健康检查和资料分析结果报告给用人单位和劳动者本人，以便及时采取干预措施，保护劳动者健康。

7.1.1　职业健康监护的内容

职业健康监护主要包括：

① 职业健康检查；

② 离岗后健康检查；

③ 应急健康检查；

④ 职业健康监护档案管理等。

7.1.2　职业健康监护的目的

职业健康监护的目的在于：

① 早期发现职业病、职业健康损害和职业禁忌证；

② 跟踪观察职业病及职业健康损害的发生、发展规律及分布情况；

③ 评价职业健康损害与作业环境中职业病危害因素的关系及危害程度；

④ 识别新的职业病危害因素和高危人群；

⑤ 进行目标干预，包括改善作业环境条件，改革生产工艺，采用有效的防护设施和个人防护用品，对职业病患者及疑似职业病和有职业禁忌人员的处理与安置等；

⑥ 评价预防和干预措施的效果；

⑦ 为制定或修订卫生政策和职业病防治对策服务。

在应用健康监护资料评价劳动者对某一特定作业或某类型工作是否适合时，应首先建议改善作业环境条件和加强个体防护，在此前提下才能评价劳动者是否适合该工作。同时劳动者健康状况和工作环境都在随时发生变化，所以判定是否适合不应只是一次性的。

任务 7.2 职业禁忌证

每个健康监护项目都是根据劳动者所接触（或拟从事工作将接触）的职业病危害因素的种类和所从事工作的性质，规定监护的目标疾病。职业健康监护目标疾病分为职业病和职业禁忌证。

职业禁忌证指劳动者从事特定职业或者接触特定职业病危害因素时，比一般职业人群更易于遭受职业病危害和罹患职业病或者可能导致原有自身疾病病情加重，或者在作业过程中诱发可能导致对他人生命健康构成危险的疾病的个人特殊生理或病理状态。

注意：*患有致劳动能力永久丧失的疾病不列为职业禁忌证。*

在职业健康检查中发现有与所从事职业相关的健康损害的作业人员，应调离原工作岗位，并妥善安置。

企业应按照法律程序、职业健康体检机构的意见建议对职业禁忌证人员进行调岗，调岗时应充分考虑新岗位的合理性，与员工协商一致并签署调岗面谈记录（或调岗通知书或调岗意见书），作业人员应予以配合。企业与员工个人均应保留岗位调整的材料。

任务 7.3　职业健康监护档案及其管理

职业健康监护档案是健康监护全过程的客观记录资料，是系统地观察劳动者健康状况的变化，评价个体和群体健康损害的依据，其特征是资料的完整性、连续性。

7.3.1　职业健康监护档案

劳动者个人职业健康监护档案包括：

① 劳动者个人信息卡；

② 工作场所职业病危害因素检测结果；

③ 历次职业健康检查结果及处理情况；

④ 历次职业健康体检报告、职业病诊疗等资料；

⑤ 其他职业健康监护资料。

用人单位职业健康监护管理档案包括：

① 职业健康检查机构资质证书；

② 职业健康检查结果汇总表；

③ 职业健康检查异常结果登记表；

④ 职业病患者、疑似职业病患者一览表；

⑤ 职业病人和疑似职业病人的报告；

⑥ 职业病危害事故报告和处理记录；

⑦ 职业健康监护档案汇总表。

7.3.2　职业健康监护档案管理

职业健康监护档案管理包括以下内容：

① 用人单位应当依法建立职业健康监护档案，并按规定妥善保存。

② 劳动者或劳动者委托代理人有权查阅劳动者个人的职业健康监护档案，用人单位不得拒绝或者提供虚假档案材料。劳动者离开用人单位时，有权索取本人职业健康监护档案复印件，用人单位应当如实、无偿提供，并在所提供的复印件上签章。

③ 职业健康监护档案应有专人管理，管理人员应保证档案只能用于保护劳动者健康的目的，并保证档案的保密性。

项目 8 职业健康检查

任务 8.1 职业健康检查认知

预习作业单

任务 8.1 职业健康检查认知
预习时间________年_____月_____日至________年_____月_____日
预习知识点
预习技能目标
重点和难点预习情况
预习小结
预习自我评价

8.1.1　认识职业健康检查

职业健康检查是职业健康监护的主要方法，是国家法律法规要求的用人单位应尽的责任和义务，是一种强制性的手段。

职业健康检查指应用医学临床检查和相关实验室检查，对接触职业危害的群体进行筛检性的医学健康检查，其目的是尽早发现个体与职业危害接触有关的健康损害、职业病或职业禁忌证，以便及时采取干预措施。职业健康检查主要包括上岗前、在岗期间、离岗时健康检查。其他还包括离岗后医学随访和应急健康检查。

1. 上岗前职业健康检查

上岗前职业健康检查，简称岗前体检，是指企业对准备从事某种接触职业病危害作业的作业人员在上岗前进行的健康检查，其目的是发现职业禁忌证，建立接害人员的基础健康档案。应进行上岗前职业健康检查的人员包括：

① 拟从事接触职业病危害因素作业的新录用人员，包括转岗、增加新项目、改变工艺等。

② 拟从事有特殊健康要求作业的人员，如高处作业、电工作业、职业机动车驾驶作业等。

2. 在岗期间职业健康检查

在岗期间职业健康检查，简称在岗体检，是指企业按照《职业健康监护技术规范》的体检要求，对长期接触职业病危害因素、按规定需要开展健康监护的作业人员进行的健康检查。其目的是尽早发现职业病病人或疑似病人或作业人员的健康异常，及时发现有职业禁忌证的作业人员。

在岗期间职业健康检查的周期根据职业病危害因素的性质、作业场所有害因素的浓度或强度、目标疾病的潜伏期和防护措施等因素决定。《职业健康监护技术规范》已经具体规定了常见职业病危害因素的监护周期。

3. 离岗时职业健康检查

离岗时职业健康检查，简称离岗体检，是指作业人员在准备脱离或脱离所从事的职业病危害的作业或岗位前所进行的健康检查，目的是确定作业人员在停止接触职业病危害因素时的健康状况。如果最后一次在岗期间的健康检查是在离岗前的三个月进行的，则可视其为离岗时职业健康检查。

4. 离岗后医学随访

离岗后医学随访，简称离岗随访，是指员工离开本企业后进行的医学访问。企业应开展离岗后医学随访的情况有以下 2 种：

① 若接触的职业病危害因素具有慢性健康影响，或有较长的潜伏期，在脱离接触后仍有可能发生职业病，需进行随访医学检查。

② 尘肺病患者离岗后需进行随访医学检查。随访时间的长短应根据有害因素致病的流行病学及临床特点、作业人员从事作业的时间长短、作业场所有害因素的浓度等因素综合考虑后确定。

5. 应急健康检查

应急健康检查，简称应急体检，是指发生突发职业病危害事故后对未受伤害或伤害程度较轻的作业人员进行的职业健康检查。应开展应急健康检查的情况有以下 2 种：

① 发生急性职业病危害事故时，对遭受或可能遭受职业病危害的作业人员，必须在事故发生后立即开始进行应急健康检查。

② 对从事可能产生职业性传染病作业的人员，在疫情流行期或近期密切接触传染者，必须进行应急健康检查。

关于职业健康检查，对相关企业的要求如下：

① 企业应对接触职业病危害因素的作业人员进行上岗前、在岗期间和离岗时的职业健康检查，并将检查结果书面告知作业人员，费用由企业承担。

② 企业不得安排未经上岗前职业健康检查的作业人员从事接触职业病危害因素的作业。

③ 不得安排有职业禁忌证的作业人员从事其所禁忌的作业。

④ 对于在职业健康检查中发现的与所从事职业相关的健康损害的作业人员，应当调离原工作岗位，并妥善安置。

⑤ 对未进行离岗前职业健康检查的作业人员，企业不得解除或者终止与其订立的劳动合同。

8.1.2　职业健康检查流程

1. 职业健康检查委托

企业应签订职业健康检查委托协议。协议内容包括双方职责和义务、劳动者接触职业病危害因素种类、接触人数、健康检查人数、检查项目、检查时间、检查地点以及检查费用等。

2. 收集或核实相关资料

企业应如实提供与职业健康检查相关的资料：

① 企业基本情况；

② 产生职业病危害因素的生产工艺及原、辅材料；

③ 各类职业病危害因素和接触人数；

④ 近年职业病危害因素检测及职业健康检查情况；

⑤ 职业病危害防护设施；

⑥ 应急救援设施及其他有关资料。

3. 确定职业健康检查人数、项目及相关事项

医疗机构与企业核实、确认职业健康检查人数、检查项目及被检查的劳动者的工种岗位。

4. 开展职业健康检查

① 医疗机构和企业应恪守职业道德，遵守伦理道德规范，优化服务，保护劳动者的隐私。

② 企业应认真填写职业健康检查表。

③ 医疗机构发现劳动者健康损害或者需要复查的，及时告知劳动者并通知企业。

④ 发现疑似职业病病人时，应及时告知劳动者，建议其及时进行职业病诊断，并通知企业、报告所在地职业卫生监督管理部门。

8.1.3　职业健康检查结果报告

医疗机构根据相关规定和与用人单位签订的职业健康检查委托协议书，按时向用人单位提交职业健康检查结果报告。职业健康检查结果报告分为总结报告、个体结论报告和职业健康监护评价报告 3 种。职业健康检查报告和评价应遵循法律严肃性、科学严谨性和客观公正性。

1. 职业健康检查总结报告

职业健康检查总结报告是健康体检机构给委托单位（用人单位）的书面报告，是对本次体检的全面总结和一般分析，内容应包括：

① 受检单位、职业健康检查种类、应检人数、受检人数、检查时间和地点。

② 体检工作的实施情况，发现的疑似职业病、职业禁忌证和其他疾病的人数和汇总名单、处理建议等。个体体检结果可以一览表的形式列出花名册。

2. 职业健康检查个体结论报告

每个受检对象的体检表，应由主检医师审阅后填写体检结论并签名。体检发现有疑似职业病、职业禁忌证、需要复查者和有其他疾病的劳动者要出具体检结论报告，包括受检者姓名、性别、接触有害因素名称、检查异常所见、本次体检结论和建议等。个体体检结论报告应一式两份，一份给劳动者或受检者指定的人员，一份给用人单位。

根据职业健康检查结果，对劳动者个体的体检结论可分为以下 4 种：

① 目前未见异常：本次职业健康检查各项检查指标均在正常范围内。

② 疑似职业病：当检查发现疑似职业病或可能患有职业病时，需要提交职业病诊断机构进一步明确诊断。

③ 职业禁忌证：当检查发现有职业禁忌的患者时，需写明具体疾病名称。

④ 其他疾病或异常：除目标疾病之外的其他疾病或某些检查指标的异常。

3. 职业健康监护评价报告

职业健康监护评价报告是根据职业健康检查结果和收集到的历年工作场所监测资料及职业健康监护过程中收集到的相关资料，通过分析劳动者健康损害和职业病危害因素的关系，以及导致发生职业病危害的原因，预测健康损害的发展趋势，对用人单位劳动者的职业健康状况做出总体评价，并提出综合改进建议。职业健康检查机构可根据受检单位职业健康监护资料的实际情况及用人单位的委托要求，共同协商决定是否出具职业健康监护评价报告。

任务 8.2　职业健康检查项目

预习作业单

任务 8.2　职业健康检查项目
预习时间________年_____月_____日至________年_____月_____日
预习知识点
预习技能目标
重点和难点预习情况
预习小结
预习自我评价

职业健康检查包括常规医学检查和特殊医学检查。常规医学检查项目是指一般健康检查和大多数职业病危害因素的健康检查都需要进行检查的项目，特定的职业病危害因素需要进行常规医学检查项目之外的其他医学项目检查，需在相应的地方给予具体的规定。

8.2.1 常规医学检查项目

1. 填写劳动者个人基本信息资料

劳动者个人基本信息资料包括：

① 个人资料：包括姓名、性别、出生年月、出生地、身份证号码、婚姻状况、教育程度、家庭（通信）地址、现工作单位、联系电话等信息。

② 职业史：包括起止时间、工作单位、车间（部门）、班组、工种、接触职业病危害因素（危害因素的名称，接触两种以上职业病危害因素的应逐一填写）、接触时间、防护措施等。

③ 个人生活史：包括吸烟史、饮酒史、女工月经与生育史。

④ 既往史：包括既往预防接种及传染病史、药物及其他过敏史、过去的健康状况及患病史、是否做过手术及输血史、患职业病及外伤史等。

⑤ 家族史：主要包括父母、兄弟、姐妹及子女的健康状况，是否患结核、肝炎等传染病；是否患遗传性疾病，如血友病等。

2. 一般医学生理指标检测

检测项目包括血压、心率、呼吸频率、身高、体重和营养状况。

3. 症状询问

在职业健康检查时，应针对不同职业病危害因素及其可能危害的靶器官，有重点地询问，询问症状的人体系统和器官如下：

① 神经系统；

② 呼吸系统；

③ 心血管系统；

④ 消化系统；

⑤ 造血系统；

⑥ 泌尿生殖系统；

⑦ 肌肉及四肢关节；

⑧ 眼、耳、鼻、咽喉及口腔；

⑨ 皮肤及附属器等。

4. 内科常规检查

检查内容主要包括：

① 皮肤黏膜、浅表淋巴结、甲状腺常规检查；

② 呼吸系统检查、胸廓外形、胸部叩诊和听诊；

③ 心血管系统检查；

④ 消化系统检查。

5. 神经系统常规检查

检查项目包括意识、精神状况，腱反射、浅感觉、深感觉。

6. 其他专科的常规检查

检查项目主要包括：

① 眼科常规检查；

② 口腔科常规检查；

③ 耳科常规检查；

④ 鼻及咽部常规检查；

⑤ 皮肤科常规检查等。

7. 实验室常规检查

检查项目主要包括：

① 血常规；

② 尿常规；

③ 肝功能；

④ 胸部 X 射线摄片；

⑤ 心电图；

⑥ 肺功能；

⑦ 肾功能。

8.2.2 接触职业病危害因素作业人员职业健康检查项目

1. 接触游离二氧化硅粉尘（矽尘）的作业人员

1）上岗前职业健康检查

目标疾病 职业禁忌证包括活动性肺结核病、慢性阻塞性肺病、慢性间质性肺病、伴肺功能损害的疾病。检查程序如下：

① 症状询问：重点询问呼吸系统、心血管系统疾病史，吸烟史及咳嗽、咳痰、喘息、胸痛、呼吸困难、气短等症状。

② 身体检查：内科常规检查，检查重点是呼吸系统、心血管系统。

③ 实验室检查和其他检查。

必检项目 血常规、尿常规、血清 ALT、心电图、后前位 X 射线高千伏胸片或数字化摄影胸片（DR 胸片）、肺功能。

2）在岗期间职业健康检查

目标疾病 职业病为矽肺，职业禁忌证包括活动性肺结核病、慢性阻塞性肺病、慢性间质性肺病、伴肺功能损害的疾病。检查程序如下：

① 症状询问：重点询问咳嗽、咳痰、喘息、胸痛、呼吸困难、咯血等症状。

② 身体检查：内科常规检查，重点是呼吸系统、心血管系统。

③ 实验室检查和其他检查。

必检项目 心电图、后前位 X 射线高千伏胸片或数字化摄影胸片（DR 胸片）、肺功能。

3）在岗期间健康检查周期

对于生产性粉尘作业分级为 1 级的，2 年 1 次；对于生产性粉尘作业分级为 2 级及以上的，1 年 1 次。

4）离岗时职业健康检查

目标疾病　职业病为矽肺。检查程序如下：

① 症状询问：重点询问咳嗽、咳痰、喘息、胸痛、呼吸困难、咯血等症状。

② 身体检查：内科常规检查，重点是呼吸系统、心血管系统。

③ 实验室检查和其他检查。

必检项目　心电图、后前位 X 射线高千伏胸片或数字化摄影胸片（DR 胸片）、肺功能。

2. 接触噪声作业人员

1）上岗前职业健康检查

目标疾病　职业禁忌证包括：

① 各种原因引起的永久性感音神经性听力损失（500 Hz、1 000 Hz、2 000 Hz）中任一频率的纯音气导听阈＞25 dB（A）。

② 高频段 3 000 Hz、4 000 Hz、6 000 Hz 双耳平均听阈≥40 dB（A）。

③ 任一耳传导性耳聋，平均语频听力损失≥41 dB（A）。

健康检查程序如下：

① 症状询问。

② 身体检查：内科常规检查和耳科常规检查。

③ 实验室检查和其他检查。

必检项目　血常规、尿常规、心电图、血清 ALT、纯音听阈测试。

2）在岗期间职业健康检查

目标疾病　职业病为职业性噪声聋，职业禁忌证包括：

① 除噪声外各种原因引起的永久性感音神经性听力损失（500 Hz、1 000 Hz、2 000 Hz）中任一频率的纯音气导听阈＞25 dB（A）。

② 任一耳传导性耳聋，平均语频听力损失≥41 dB（A）。

③ 噪声敏感者（上岗前体检纯音听力检查各频率损失均≤25 dB（A），但在噪声环境作业 1 年以内，高频段 3 000 Hz、4 000 Hz、6 000 Hz 中任一耳任一频率的听阈≥65 dB（A）。

健康检查程序如下：

① 症状询问。

② 身体检查：内科常规检查、耳科常规检查。

③ 实验室检查和其他检查。

必检项目：心电图、纯音听阈测试（听力测试应在受检者脱离噪声环境 48 h 后进行）。

3）健康检查周期

① 作业场所噪声 8 h 等效声级≥85 dB（A），1 年 1 次。

② 作业场所噪声 8 h 等效声级≥80 dB（A），2 年 1 次。

4）离岗时职业健康检查

目标疾病 职业性噪声聋。

检查内容：同在岗期间。

8.2.3 一般健康检查与职业健康体检的区别

① 体检目的不同。一般健康检查以发现常见的慢性病、健康损害等为主。职业健康体检的目的是尽早发现疑似职业病、职业健康损害和职业禁忌证。

② 体检性质不同。一般健康检查没有法律法规强制性要求。职业健康体检是存在有毒有害作业的用人单位必须开展的工作，属于强制性要求。

③ 体检时机不同。一般健康检查的检查时机和周期没有受到法律法规的强制性要求。职业健康体检则具有强制性，包括岗前检查、在岗检查、离岗检查，检查被检人员是否有目标疾病，目的是及时发现危害因素的早期损害等。

④ 体检项目不同。一般健康检查没有法律法规强制性要求。职业健康体检必检项目由国家标准规定，针对不同职业病危害因素均有相应内容。以接触噪声和接触游离二氧化硅粉尘作业的在岗期间职业健康检查为例，在接触噪声的在岗期间职业健康检查项目中，内科常规、耳科常规、心电图、纯音气导听阈测试为必检项目。在接触游离二氧化硅粉尘的在岗期间职业健康检查项目中，内科常规、后前位 X 射线高千伏胸片或数字化摄影胸片（DR 胸片）、心电图、肺功能为必检项目。

⑤ 体检后续处理不同。对于一般健康检查，针对发现的疾病或健康损害，医生会提出专业性的疾病诊疗方案，患者在医生的指导下选择诊疗方案，积极配合治疗；医生会对发现的慢性病发展趋势给予相应的健康管理指导。职业健康体检针对不同的检查结果，除了相关医疗处置外，还有相应的人事安排，如发现职业禁忌证和疑似职业病的，必须要调离相应的工作岗位。

⑤ 检查机构不同。不是所有医疗机构都能进行职业健康体检，只有那些取得省级卫生健康主管部门备案的医疗机构才能进行。可通过省级卫生健康主管部门的官方网站查询到省内备案的医疗卫生机构的名单、地址，以及检查类别和项目等相关信息。

8.2.4 职业健康检查工作中的常见问题

1. 工人接触多种职业病危害因素的，能否选择危害因素进行体检？

当工人接触多种职业病危害因素时，不能只选其中一种或几种职业病危害因素进行体检，应按接触的职业病危害因素进行全面检查，检查项目是所有职业病危害因素必检项目的合并。在岗期间，职业健康检查可以按不同职业病危害因素的周期进行。对于接触多种职业病危害因素的员工体检，建议尽可能安排在有能力完成所有检查项目的职业健康检查机构进行，以避免相同检查项目重复检查。

2. 接触《职业健康监护技术规范》（GBZ 188—2014）规定之外的职业病危害因素是否要体检？

对于《职业健康监护技术规范》（GBZ 188—2014）规定之外的职业病危害因素

如丙酮、异丙醇等，原则上不需要强制性体检，用人单位为保护劳动者健康，可以在征得劳动者同意后进行健康检查，检查项目可以与专业人员根据职业危害的特点及相关毒理学资料等进行商议。但是，职业健康检查专业机构或职业卫生监督机构发现特殊情况时（如接触人群中多人出现相同病症、其他用人单位因接触同种危害因素发生职业中毒事故等），职业健康检查专业人员出于保护劳动者健康的目的可以建议进行相关检查，在这种情况下用人单位应按强制性职业健康检查标准执行。

3. 对于职业健康检查总结报告的结论中要求复查或进一步检查的人员，是否必须要安排复查？不安排复查有什么后果？

目前，在职业健康检查工作中，许多用人单位不按职业健康检查机构要求安排复查，而是直接将检查结果异常人员调离或不予录用（尤其是上岗前检查），这是造成职业健康检查复查率低、职业禁忌证检出率低的主要原因。

职业健康检查针对劳动者接触的职业病危害因素的目标疾病而进行，其主要目的是检出职业禁忌证和疑似职业病，职业健康检查总结报告结论中建议复查的主要目的是进一步确定劳动者是否有职业禁忌证和疑似职业病。因此，未按职业健康检查机构要求的时间和项目完成复查的，职业健康检查机构不能得出相应结论，因为未复查实际等于未完成本次职业健康检查，也违反了《中华人民共和国职业病防治法》的有关规定，有关主管部门可以对用人单位给予相应处罚。

如果未按要求复查，对于可能受到职业损害的劳动者，将因未及时发现职业病而延误治疗，用人单位更可能因此错过发现和控制职业病事故隐患的时机而酿成大事故。对于可能存在职业禁忌证者，不予复查而直接调离或不予录用，对劳动者不公平，可能存在侵犯平等就业权的风险；如果调离的是熟练工，对用人单位也将造成不必要的损失。

4. 职业健康检查项目能否增加或减少？

职业健康检查项目必须根据接触职业病危害因素（如噪声、苯等）和检查类别（上岗前、在岗期间、离岗时等），按照《职业健康监护技术规范》（GBZ 188—2014）确定，其中必检项目任何人员（包括职业健康检查专业人员）均不得减少，如果缺项则不能做出职业健康检查结论与评价；选检项目由职业健康检查专业人员根据职业病危害因素及劳动者健康情况选定，应遵照执行。以上两类检查项目应视为强制性检查项目，用人单位及劳动者均有责任与义务遵照执行，否则将承担相应的后果。

职业健康检查专业人员可以根据不同情况建议用人单位增加其他检查项目，用人单位可以根据情况适当采纳，用人单位也可以出于保护劳动者健康目的提出增加《职业健康监护技术规范》（GBZ 188—2014）规定之外的检查项目，这些检查项目均应向劳动者说明其目的和意义，征得劳动者同意后执行。

5. 职业健康检查结果告知的不恰当做法有哪些？

在职业健康检查结果告知方面，用人单位的不恰当做法如下：

① 张榜公布所有人的体检结果；

② 张榜公布体检异常人员名单；

③ 张榜公布体检正常人员名单；

④ 张榜公布复查人员名单；

⑤ 仅向体检异常人员出示体检结果；

⑥ 仅向需复查人员出示体检结果。

以上做法都不太恰当，存在侵犯劳动者隐私权或未完全履行告知义务的问题，建议用人单位采用一对一方式将体检结果书面告知所有受检者并让其签名确认。

6. 个人能否自行委托医疗机构进行职业健康检查？这种检查有效吗？

组织接触职业病危害因素的劳动者进行职业健康检查，是用人单位的责任。原则上，职业健康检查应是用人单位委托职业健康检查机构进行。但是，目前有些用人单位没有按相关规定组织员工进行职业健康检查，甚至隐瞒作业场所存在的职业病危害因素。劳动者出于保护健康的目的，常自行到职业健康检查机构要求体检。职业健康检查机构依据劳动者提供的资料，以个人委托方式接受劳动者进行体检，这种体检一般视为健康检查。

这种个人委托体检，仅由劳动者单方提供的资料，体检机构仅对检查结果的准确性负责，不对职业病危害因素接触情况负责。如果劳动者提供的职业病危害因素的接触情况属实，则有相应的效力。

7. 用人单位组织员工进行职业体检时，若员工不愿意参加体检或复查，应如何处理？

依据“法无明文规定不为罪”的原则，《中华人民共和国职业病防治法》只规定了用人单位应当组织员工进行职业健康检查的义务，并未对放弃接受体检的行为及后果进行规定。员工放弃职业健康检查或复查（应有书面声明），可视为放弃该权利，应该按未进行职业健康检查的情形进行处理。用人单位不得安排该员工继续从事接触职业病危害因素的作业，否则用人单位必须承担相应的法律责任。

8. 员工自动离职后，过了几个月再返回公司说未进行离岗时职业健康检查，要求补检，或者说得了职业病，要求公司承担法律责任，公司该如何处理？

自动离职是指在职工出现不辞而别的情形时，用人单位依法定方式履行了通知义务后职工仍不到岗，许可用人单位对职工做出中断劳动关系处理的一种方式。按照《中华人民共和国劳动法》的相关规定，职工解除劳动合同应提前 30 日以书面形式通知用人单位。职工如果未履行相关程序擅自离职属严重违纪行为，依据用人单位规章制度，用人单位可以解除劳动合同且不支付经济补偿金。

员工自动离职后，企业规范的做法是做违纪解除劳动关系决定，并且要把这个决定送达本人，直接送达不了的以邮寄方式送达，送达不了被退回来的将其公告，这是一个完整的解除劳动关系的程序。一般来讲，劳动关系解除后，员工的一切问题就与原用人单位无关。但《中华人民共和国职业病防治法》规定：劳动者被诊断患有职业病，其治疗和生活保障由最后的用人单位承担；当最后的用人单位有证据证明该职业病是先前用人单位的职业病危害造成时，则其治疗和生活保障由先前的用人单位承担。所以，当发现有员工“自动”离职时，应了解其是否因疑似职业病而离职，如属疑似职业病，应及时安排其进行诊断和治疗，否则，用人单位必须承担相应的法律责任。

9. 在职和已离职人员的职业健康档案各应保存多长时间？

《中华人民共和国职业病防治法》规定：用人单位应当为劳动者建立职业健康监护档案，并按规定期限妥善保存。国家卫生健康委 2019 年 2 月发布的《职业健康检查管理办法》（2019 修订）第二十条中规定：职业健康检查档案保存时间应当自劳动者最后一次职业健康检查结束之日起不少于 15 年。

项目实训

实训 2　到医院了解职业健康检查流程

实训 3　到企业了解职业健康检查开展情况

情景考评

学习完本情景之后，请根据自己的学习所得，结合下表所列内容进行评价打分。

评价内容	评价方式			评价等级
	自评	组评	师评	
课前预习本情景的相关知识、相关资料				A. 充分 B. 一般 C. 不足
理解职业健康检查的定义与特点				A. 充分 B. 一般 C. 不足
掌握一般健康检查和职业健康检查的区别				A. 充分 B. 一般 C. 不足
了解职业健康检查结果处置原则				A. 充分 B. 一般 C. 不足
了解职业健康检查流程和注意事项				A. 充分 B. 一般 C. 不足
开展实地考察的实践情况				A. 充分 B. 一般 C. 不足
参加教学中的讨论并积极完成相关任务情况				A. 充分 B. 一般 C. 不足
团队成员合作情况				A. 充分 B. 一般 C. 不足
学习态度、完成作业情况				A. 充分 B. 一般 C. 不足
总评				

复习思考题

一、名称解释

1. 职业健康检查。
2. 职业禁忌证。
3. 上岗前职业健康检查。
4. 在岗时职业健康检查。
5. 离岗时职业健康检查。

二、简答题

1. 概述普通体检和职业健康检查的区别。
2. 简述职业健康检查前的注意事项。
3. 发现职业禁忌证如何处理?
4. 职业健康检查个体结论报告有哪几种?

情景 5

职业病法律求助

本情景知识结构导图

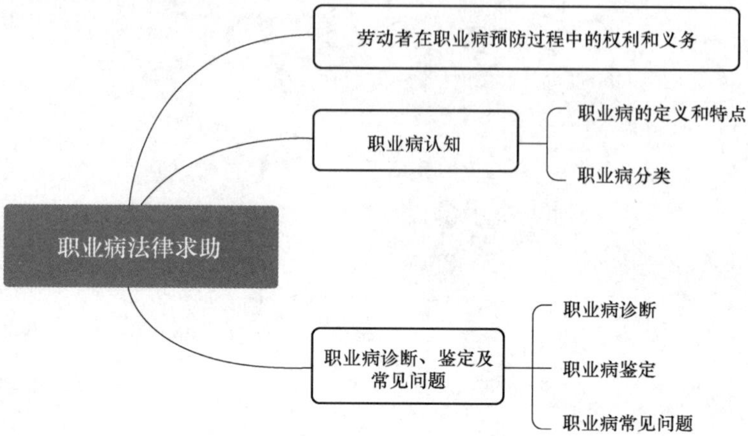

课前思考

在很多工作岗位上，存在着各种职业病危害因素。我们是应该遵守劳动纪律、自觉正确佩戴个人防护用品，还是等到健康受损时再去治疗并寻求法律援助？

岗位要求

1. 掌握劳动者在职业病预防过程中的权利和义务。
2. 掌握职业病的定义、特点及分类。
3. 了解职业病诊断与鉴定的程序。

学习目标

知识目标	1. 掌握职业病的定义、特点及分类； 2. 理解职业病的法律求助途径； 3. 了解职业病诊断与鉴定的程序
技能目标	能够概述职业病的定义、分类及法律求助途径
素质目标	培养做好职业病诊断、切实保护劳动者的思想

学习重点、难点

学习重点	职业病的定义、特点及分类
学习难点	职业病的法律求助途径

项目 9　劳动者在职业病预防过程中的权利和义务

预习作业单

项目 9　劳动者在职业病预防过程中的权利和义务
预习时间________年_____月_____日至________年_____月_____日
预习知识点
预习技能目标
重点和难点预习情况
预习小结
预习自我评价

1. 劳动者享有职业病危害知情权

根据《中华人民共和国职业病防治法》的规定，产生职业病危害的用人单位，应当在醒目位置设置公告栏，公布有关职业病防治的规章制度、操作规程、职业病危害事故应急救援措施和工作场所职业病危害因素检测结果。对产生严重职业病危害的作业岗位，应当在醒目位置设置警示标识和中文警示说明。

用人单位与劳动者订立劳动合同（含聘用合同）时，应当将工作过程中可能产生的职业病危害及其后果、职业病防护措施和待遇等如实告知劳动者，并在劳动合同中写明，不得隐瞒或者欺骗。

2. 劳动者享有职业卫生教育权

新上岗的劳动者、工作岗位或工作内容变更的劳动者，应当得到上岗前的职业卫生知识培训，未经培训的不得上岗。劳动者上岗后还应当按规定参加在岗期间的定期职业卫生培训，了解职业卫生知识，遵守职业病防治法律、法规、规章和操作规程，正确使用职业病防护设备和个体防护装备。

3. 劳动者享有检举控告权

劳动者有权对违法行为进行检举和控告。对违反职业病防治法律、法规，危及生命健康的行为提出批评、检举和控告。这是《中华人民共和国职业病防治法》赋予劳动者的权利。

用人单位不能因劳动者依法行使检举控告权而降低劳动者工资、福利等待遇或者解除、终止与其订立的劳动合同。

4. 劳动者有拒绝违章作业权

劳动者有权拒绝在没有职业病防护措施下从事职业病危害作业，有权拒绝违章指挥和强令的冒险作业。劳动者与用人单位订立劳动合同时，用人单位若没有将可能产生的职业病危害及其后果等告知劳动者，劳动者有权拒绝从事存在职业病危害的作业，用人单位不得因此解除或者终止与劳动者所订立的劳动合同。

5. 劳动者享有职业健康权

① 对于接触职业病危害作业的劳动者，用人单位除了应组织职业健康检查外，还应为劳动者建立职业健康监护档案，并按照规定的期限妥善保存健康监护档案。对遭受或者可能会遭受急性职业病危害的劳动者，用人单位应及时组织救治，进行健康检查和医学观察，所需费用由用人单位承担。

② 当体检发现劳动者可能患有职业病时，用人单位应当安排诊断，在病人诊断或者医学观察期间，不得解除或者终止与其订立的劳动合同，职业病病人依法享受国家规定的职业病待遇。用人单位应按照国家有关规定，安排病人进行治疗、康复和定期检查；对不适宜继续从事原工作的病人，应调离原岗位，并妥善安置；对从事接触职业病危害作业的劳动者，应给予适当岗位津贴。职业病病人的诊疗、康复费用，伤残以及丧失劳动能力职业病病人的社会保障，按照国家有关工伤社会保障的规定执行。

③ 用人单位应当建立健全职业病防治责任制，加强对职业病防治的管理，提高职业病防治水平，对本单位产生的职业病危害承担责任。职业病病人除依法享有工

伤社会保险外，依照有关民事法律，尚有获得赔偿权利的，有权向用人单位提出赔偿要求。

④ 未成年人、女职工、有职业禁忌的劳动者，在《中华人民共和国职业病防治法》中享有特殊的职业卫生保护的权利。产生职业病危害的用人单位在工作场所应有配套的更衣间、洗浴间、孕妇休息间等卫生设施。用人单位不得安排未成年人从事接触职业病危害的作业，不得安排孕期、哺乳期的女职工从事对本人和胎儿、婴儿有危害的作业，不得安排有职业禁忌的劳动者从事其所禁忌的作业。

6. 签订劳动合同应注意什么?

根据《中华人民共和国职业病防治法》的相关规定，劳动者签订劳动合同时，应当在劳动合同中写明职业病危害及其后果、职业病防护措施和待遇等。

劳动者在签订劳动合同时，合同中应注明企业生产经营活动中职业病危害的行业种类，以便将来分清彼此责任，尤其是轻度职业病人更应该确认职业病生成的场所和时间。其中，劳动合同就是最直接的证据。同时，劳动者在获得相关知情权之后，也应加强自身防护。

《中华人民共和国劳动法》规定的劳动合同必备条款包括：劳动合同期限、工作内容、劳动保护和劳动条件、劳动报酬、劳动纪律、劳动合同终止的条件、违反劳动合同的责任等条款。劳动者享有接受职业卫生教育、培训权，获得职业健康检查、职业病诊疗、康复等职业病防治服务权，对工作场所状况及职业病相关防护措施的知情权、要求健康工作条件权、检举控告权、拒绝违章作业权、职工卫生工作的民主管理权及赔偿权。

7. 劳动者在职业病预防过程中的义务

劳动者不仅享有健康保护的权利，还必须为保护自身健康尽一定的义务。《中华人民共和国职业病防治法》规定：

① 劳动者应当学习和掌握相关的职业卫生知识，遵守职业病防治法律、法规、规章和操作规程，正确使用、维护职业病防护设备和个体防护装备，发现职业病危害事故隐患应当及时报告。

② 劳动者不履行规定义务的，用人单位应当对其进行教育。

8. 劳动者遵守职业病防治法律、法规和操作规程的重要性

职业病防治的法律法规是具有强制性的规范，每个劳动者必须遵守。规章和操作规程有利于劳动者健康，是防治职业病危害的一系列制度和措施，与劳动者密切相关，如果不能认真遵守将会导致不必要的职业危害发生。

职业病防治工作仅仅依靠各级管理人员的监督检查是不够的，必须有劳动者的积极参与和配合。劳动者处于生产第一线，容易及时发现各种职业病危害隐患，当劳动者发现职业病危害隐患时，应及时向有关部门报告，使职业病危害隐患得到及时有效的处置，减少危害的发生。

项目 10　职业病认知

预习作业单

项目 10　职业病认知
预习时间________年_____月_____日至________年_____月_____日
预习知识点
预习技能目标
重点和难点预习情况
预习小结
预习自我评价

任务 10.1 职业病的定义和特点

职业病是指企业、事业单位和个体经济组织等用人单位的劳动者在职业活动中，因接触粉尘、放射性物质和其他有毒、有害因素而引起的疾病。这里所说的职业病，是指法定职业病，也就是构成《中华人民共和国职业病防治法》所称的职业病，不是日常生活中所说的与职业相关的疾病。

1. 法定职业病条件

法定职业病，必须具备 4 个要件：

① 患病主体必须是企事业单位或者个体经济组织的劳动者。

② 必须是在从事职业活动的过程中产生的。

③ 必须是因接触粉尘、放射性物质和其他有毒、有害物质等因素而引起的，其中放射性物质是指放射性同位素或射线装置发出的 α 射线、β 射线、γ 射线、X 射线、中子射线等电离辐射。

④ 必须是国家公布的职业病分类和目录所列的职业病。

在上述 4 个要件中，缺少任何一个要件，都不属于《中华人民共和国职业病防治法》所称的职业病。

2. 法定职业病的特点

法定职业病有 5 个特点：

① 基础职业病危害人数多，患者数量大。

② 职业病危害分布行业广。

③ 中小企业危害严重，职业病危害流动性大，危害转移严重。

④ 职业病具有隐匿性、迟发性特点，危害往往被忽视。

⑤ 职业病危害造成的经济损失巨大，影响长远。

3. 职业病的特点

职业病的特点主要有：

① 有明确的病因。

② 一般有剂量–反应关系。

③ 特定的发病范围/人群。

④ 早发现、早诊断、合理处理、预后较好。

⑤ 大多数职业病目前无特效治疗。

4. 发生职业病的条件

人体直接或间接接触职业病有害因素，不一定都发生职业病。发生职业病的条件主要有：

① 职业病危害因素的性质。

② 作用于人体的量。

③ 劳动者的健康状况。

任务 10.2 职业病分类

我国目前的《职业病分类和目录》（国卫疾控发〔2013〕48 号）中，包括 10 大类 132 种职业病。

1. 职业性尘肺病及其他呼吸系统疾病

1）尘肺病

① 矽肺；

② 煤工尘肺；

③ 石墨尘肺；

④ 碳黑尘肺；

⑤ 石棉肺；

⑥ 滑石尘肺；

⑦ 水泥尘肺；

⑧ 云母尘肺；

⑨ 陶工尘肺；

⑩ 铝尘肺；

⑪ 电焊工尘肺；

⑫ 铸工尘肺；

⑬ 根据《尘肺病诊断标准》和《尘肺病理诊断标准》可以诊断的其他尘肺病。

2）其他呼吸系统疾病

① 过敏性肺炎；

② 棉尘病；

③ 哮喘；

④ 金属及其化合物粉尘肺沉着病（锡、铁、锑、钡及其化合物等）；

⑤ 刺激性化学物所致慢性阻塞性肺疾病；

⑥ 硬金属肺病。

2. 职业性皮肤病

① 接触性皮炎；

② 光接触性皮炎；

③ 电光性皮炎；

④ 黑变病；

⑤ 痤疮；

⑥ 溃疡；

⑦ 化学性皮肤灼伤；

⑧ 白斑；

⑨ 根据《职业性皮肤病的诊断总则》可以诊断的其他职业性皮肤病。

3. 职业性眼病

① 化学性眼部灼伤；

② 电光性眼炎；

③ 白内障（含放射性白内障、三硝基甲苯白内障）。

4. 职业性耳鼻喉口腔疾病

① 噪声聋；

② 铬鼻病；

③ 牙酸蚀病；

④ 爆震聋。

5. 职业性化学中毒

① 铅及其化合物中毒（不包括四乙基铅）；

② 汞及其化合物中毒；

③ 锰及其化合物中毒；

④ 镉及其化合物中毒；

⑤ 铍病；

⑥ 铊及其化合物中毒；

⑦ 钡及其化合物中毒；

⑧ 钒及其化合物中毒；

⑨ 磷及其化合物中毒；

⑩ 砷及其化合物中毒；

⑪ 铀及其化合物中毒；

⑫ 砷化氢中毒；

⑬ 氯气中毒；

⑭ 二氧化硫中毒；

⑮ 光气中毒；

⑯ 氨中毒；

⑰ 偏二甲基肼中毒；

⑱ 氮氧化合物中毒；

⑲ 一氧化碳中毒；

⑳ 二硫化碳中毒；

㉑ 硫化氢中毒；

㉒ 磷化氢、磷化锌、磷化铝中毒；

㉓ 氟及其无机化合物中毒；

㉔ 氰及腈类化合物中毒；

㉕ 四乙基铅中毒；

㉖ 有机锡中毒；

㉗ 羰基镍中毒；

㉘ 苯中毒；

㉙ 甲苯中毒；

㉚ 二甲苯中毒；

㉛ 正己烷中毒；

㉜ 汽油中毒；

㉝ 一甲胺中毒；

㉞ 有机氟聚合物单体及其热裂解物中毒；

㉟ 二氯乙烷中毒；

㊱ 四氯化碳中毒；

㊲ 氯乙烯中毒；

㊳ 三氯乙烯中毒；

㊴ 氯丙烯中毒；

㊵ 氯丁二烯中毒；

㊶ 苯的氨基及硝基化合物（不包括三硝基甲苯）中毒；

㊷ 三硝基甲苯中毒；

㊸ 甲醇中毒；

㊹ 酚中毒；

㊺ 五氯酚（钠）中毒；

㊻ 甲醛中毒；

㊼ 硫酸二甲酯中毒；

㊽ 丙烯酰胺中毒；

㊾ 二甲基甲酰胺中毒；

㊿ 有机磷中毒；

51 氨基甲酸酯类中毒；

52 杀虫脒中毒；

53 溴甲烷中毒；

54 拟除虫菊酯类中毒；

55 铟及其化合物中毒；

56 溴丙烷中毒；

57 碘甲烷中毒；

58 氯乙酸中毒；

59 环氧乙烷中毒；

60 上述条目未提及的与职业有害因素接触之间存在直接因果联系的其他化学中毒。

6. 物理因素所致职业病

① 中暑；

② 减压病；

③ 高原病；

④ 航空病；

⑤ 手臂振动病；
⑥ 激光所致眼（角膜、晶状体、视网膜）损伤；
⑦ 冻伤。

7. 职业性放射性疾病

① 外照射急性放射病；
② 外照射亚急性放射病；
③ 外照射慢性放射病；
④ 内照射放射病；
⑤ 放射性皮肤疾病；
⑥ 放射性肿瘤（含矿工高氡暴露所致肺癌）；
⑦ 放射性骨损伤；
⑧ 放射性甲状腺疾病；
⑨ 放射性性腺疾病；
⑩ 放射复合伤；
⑪ 根据《职业性放射性疾病诊断标准（总则）》可以诊断的其他放射性损伤。

8. 职业性传染病

① 炭疽；
② 森林脑炎；
③ 布鲁氏菌病；
④ 艾滋病（限于医疗卫生人员及人民警察）；
⑤ 莱姆病。

9. 职业性肿瘤

① 石棉所致肺癌、间皮瘤；
② 联苯胺所致膀胱癌；
③ 苯所致白血病；
④ 氯甲醚、双氯甲醚所致肺癌；
⑤ 砷及其化合物所致肺癌、皮肤癌；
⑥ 氯乙烯所致肝血管肉瘤；
⑦ 焦炉逸散物所致肺癌；
⑧ 六价铬化合物所致肺癌；
⑨ 毛沸石所致肺癌、胸膜间皮瘤；
⑩ 煤焦油、煤焦油沥青、石油沥青所致皮肤癌；
⑪ β–萘胺所致膀胱癌。

10. 其他职业病

① 金属烟热；
② 滑囊炎（限于井下工人）；
③ 股静脉血栓综合征、股动脉闭塞症或淋巴管闭塞症（限于刮研作业人员）。

项目 11　职业病诊断、鉴定及常见问题

预习作业单

项目 11　职业病诊断、鉴定及常见问题
预习时间________年_____月_____日至________年_____月_____日
预习知识点
预习技能目标
重点和难点预习情况
预习小结
预习自我评价

任务 11.1 职业病诊断

随着职业健康工作进入新时期，对职业病诊断与鉴定工作提出了新的要求。中华人民共和国国家卫生健康委员会（以下简称国家卫生健康委）于 2021 年 1 月 4 日公布施行《职业病诊断与鉴定管理办法》（中华人民共和国国家卫生健康委员会令第 6 号）。

国家卫生健康委负责全国范围内职业病诊断与鉴定的监督管理工作，县级以上地方卫生健康主管部门依据职责负责本行政区域内职业病诊断与鉴定的监督管理工作。

1. 用人单位的职业病诊断、鉴定义务

用人单位应当依法履行职业病诊断、鉴定的相关义务，具体包括：

① 及时安排职业病病人、疑似职业病病人进行诊治；

② 如实提供职业病诊断、鉴定所需的资料；

③ 承担职业病诊断、鉴定的费用和疑似职业病病人在诊断、医学观察期间的费用；

④ 报告职业病和疑似职业病；

⑤《中华人民共和国职业病防治法》规定的其他相关义务。

2. 职业病诊断所需资料与注意事项

劳动者可以在用人单位所在地、本人户籍所在地或者经常居住地的职业病诊断机构进行职业病诊断。

职业病诊断应当按照《中华人民共和国职业病防治法》《职业病分类和目录》等国家职业病诊断标准，依据劳动者的职业史、职业病危害接触史和工作场所职业病危害因素情况、临床表现以及辅助检查结果等，进行综合分析。在材料齐全的情况下，职业病诊断机构应当在收齐材料之日起 30 日内做出诊断结论。

1）所需资料

职业病诊断需要以下资料：

① 劳动者职业史和职业病危害接触史（包括在岗时间、工种、岗位、接触的职业病危害因素名称等）；

② 劳动者职业健康检查结果；

③ 工作场所职业病危害因素检测结果；

④ 职业性放射性疾病诊断还需要个人剂量监测档案等资料。

2）注意事项

劳动者依法要求进行职业病诊断的，职业病诊断机构不得拒绝劳动者进行职业病诊断的要求，并告知劳动者职业病诊断的程序和所需材料。劳动者应当填写《职业病诊断就诊登记表》，并提供本人掌握的职业病诊断有关资料。

职业病诊断机构进行职业病诊断时，应当书面通知劳动者所在的用人单位提供职业病诊断资料，用人单位应当在接到通知后的 10 日内如实提供。用人单位未在规定时间内提供职业病诊断所需要资料的，职业病诊断机构可以依法提请卫生健康主管部门督促用人单位提供。劳动者对用人单位提供的工作场所职业病危害因素检测结果等资料有异议，或者因劳动者的用人单位解散、破产，无用人单位提供上述资料的，职业病诊断机构应当依法提请用人单位所在地卫生健康主管部门进行调查。卫生健康主管部门应当自接到申请之日起 30 日内对存在异议的资料或者工作场所职业病危害因素情况作出判定。

经卫生健康主管部门督促，用人单位仍不提供工作场所职业病危害因素检测结果、职业健康监护档案等资料或者提供资料不全的，职业病诊断机构应当结合劳动者的临床表现、辅助检查结果和劳动者的职业史、职业病危害接触史，并参考劳动者自述或工友旁证资料、卫生健康等有关部门提供的日常监督检查信息等，作出职业病诊断结论。对于作出无职业病诊断结论的病人，可依据病人的临床表现以及辅助检查结果，作出疾病的诊断，提出相关医学意见或者建议。

职业病诊断机构作出职业病诊断结论后，应当出具职业病诊断证明书。职业病诊断证明书一式 5 份，劳动者一份，用人单位所在地县级卫生健康主管部门一份，用人单位两份，诊断机构存档一份。

职业病诊断证明书应当于出具之日起 15 日内由职业病诊断机构送达劳动者、用人单位及用人单位所在地县级卫生健康主管部门。

任务 11.2 职业病鉴定

当事人对职业病诊断机构做出的职业病诊断有异议的，可以在接到职业病诊断证明书之日起 30 日内，向做出诊断的职业病诊断机构所在地设区的市级卫生健康主管部门申请鉴定。

职业病诊断争议由设区的市级以上地方卫生健康主管部门根据当事人的申请组织职业病诊断鉴定委员会进行鉴定。

职业病鉴定实行两级鉴定制，设区的市级职业病诊断鉴定委员会负责职业病诊断争议的首次鉴定。

当事人对设区的市级职业病鉴定结论不服的，可以在接到诊断鉴定书之日起 15 日内，向原鉴定组织所在地省级卫生健康主管部门申请再鉴定，省级鉴定为最终鉴定。

经当事人同意，职业病鉴定办事机构可以根据鉴定需要聘请本省、自治区、直辖市以外的相关专业专家作为鉴定委员会成员，并有表决权。

鉴定委员会人数为 5 人以上单数，其中相关专业职业病诊断医师应当为本次鉴定专家人数的半数以上。疑难病例应当增加鉴定委员会人数，充分听取意见。鉴定委员会设主任委员一名，由鉴定委员会成员推举产生。

职业病诊断鉴定会议由鉴定委员会主任委员主持。参加职业病诊断鉴定的专家有下列情形之一的，应当回避：

① 是职业病诊断鉴定当事人或者当事人近亲属的；

② 已参加当事人职业病诊断或者首次鉴定的；

③ 与职业病诊断鉴定当事人有利害关系的；

④ 与职业病诊断鉴定当事人有其他关系，可能影响鉴定公正的。

当事人申请职业病诊断鉴定时，应当提供以下资料：

① 职业病诊断鉴定申请书；

② 职业病诊断证明书；

③ 申请省级鉴定的还应当提交市级职业病诊断鉴定书。

职业病鉴定办事机构应当自收到申请资料之日起 5 个工作日内完成资料审核，对资料齐全的发给受理通知书；资料不全的，应当当场或者在 5 个工作日内一次性告知当事人补充。资料补充齐全的，应当受理申请并组织鉴定。

职业病鉴定办事机构收到当事人鉴定申请之后，根据需要可以向原职业病诊断机构或者组织首次鉴定的办事机构调阅有关的诊断、鉴定资料。原职业病诊断机构或者组织首次鉴定的办事机构应当在接到通知之日起 10 日内提交。

职业病鉴定办事机构应当在受理鉴定申请之日起 40 日内组织鉴定、形成鉴定结论，并出具职业病诊断鉴定书。

根据职业病诊断鉴定工作需要，职业病鉴定办事机构可以向有关单位调取与职业病诊断、鉴定有关的资料，有关单位应当如实、及时提供。鉴定委员会应当听取当事人的陈述和申辩，必要时可以组织有关人员进行医学检查，医学检查应当在30日内完成。

鉴定委员会依照有关规定和职业病诊断标准，经充分合议后，根据专业知识独立进行鉴定。在事实清楚的基础上，进行综合分析，做出鉴定结论，并制作职业病诊断鉴定书。鉴定结论应当经鉴定委员会半数以上成员通过。

职业病诊断鉴定书应当包括以下内容：

① 劳动者、用人单位的基本信息及鉴定事由。

② 鉴定结论及其依据。鉴定为职业病的，应当注明职业病名称、程度（期别）。

③ 鉴定时间。

首次鉴定的职业病诊断鉴定书一式 5 份，劳动者、用人单位、用人单位所在地市级卫生健康主管部门、原诊断机构各一份，职业病鉴定办事机构存档一份。省级鉴定的职业病诊断鉴定书一式 6 份，劳动者、用人单位、用人单位所在地省级卫生健康主管部门、原诊断机构、首次职业病鉴定办事机构各一份，省级职业病鉴定办事机构存档一份。

职业病鉴定办事机构出具职业病诊断鉴定书后，应当于出具之日起10日内送达当事人，并在出具职业病诊断鉴定书后的10日内将职业病诊断鉴定书等有关信息告知原职业病诊断机构或者首次职业病鉴定办事机构，并通过职业病及健康危害因素监测信息系统报告职业病鉴定相关信息。

职业病鉴定结论与职业病诊断结论或者首次职业病鉴定结论不一致的，职业病鉴定办事机构应当在出具职业病诊断鉴定书后10日内向相关卫生健康主管部门报告。

任务 11.3 职业病常见问题

1. 当劳动者怀疑自己得了职业病时如何进行诊断与鉴定？

当劳动者怀疑自己得了职业病，或者经职业健康检查为疑似职业病时，可以到用人单位所在地、本人户籍所在地或者经常居住地的职业病诊断机构进行职业病诊断。职业病诊断机构名单、地址、诊断项目等相关信息由当地卫生行政部门公布，可向卫生行政部门咨询。

为了充分保护劳动者职业病诊断与鉴定的合法权益，我国实行“一次诊断、两级鉴定”制度。也就是说，劳动者在职业病诊断结束后，对诊断有异议的，可以向做出诊断的职业病诊断机构所在地设区的市级卫生行政部门申请鉴定（即首次鉴定），对首次鉴定结论不服的，可以向省级卫生行政部门申请再鉴定。省级职业病鉴定结论为最终鉴定。

2. 职业病诊断需要什么资料？所需职业病诊断材料由谁来提供？

职业病诊断时需要的资料有：

① 劳动者职业史和职业病危害接触史（包括在岗时间、工种、岗位、接触的职业病危害因素名称等）；

② 劳动者临床表现、职业健康检查及辅助检查结果；

③ 工作场所职业病危害因素检测结果；

④ 职业性放射性疾病诊断还需要个人剂量监测档案等资料，以及与诊断有关的其他资料。

劳动者只提交其掌握的有关职业病诊断资料，其他资料可以由职业病诊断机构依法通知劳动者所在的用人单位提供。资料不齐全的，职业病诊断机构可要求用人单位补充，也可依据法律规定要求卫生行政部门协助。

3. 职业病诊断、鉴定的费用由谁承担？

职业病诊断、鉴定费用由用人单位承担，疑似职业病患者在诊断、医学观察期间的费用，也由用人单位承担。

4. 劳动者平时要注意保存哪些工作相关资料？

在职业病诊断过程中，经常因为无法证明劳动关系而导致诊断困难，因此劳动者要注意保存证据：如与用人单位签订的劳动合同或者与用人单位存在事实劳动关系的证明材料、工资单、用人单位签订劳动合同时收取押金等的收条、用人单位解除或终止劳动关系的通知书、出勤记录、工作证、上岗证、职业健康检查报告等证明材料。

5. 职业病患者享有哪些待遇？

用人单位应当保障职业病患者依法享受国家规定的职业病待遇。用人单位应当按照国家有关规定，安排职业病患者进行治疗、康复和定期检查；对不适宜继续从事原工作的职业病患者，应当调离原岗位，并妥善安置。

职业病患者的诊疗、康复费用，伤残以及丧失劳动能力的职业病患者的社会保障，按照国家有关工伤保险的规定执行。此外，职业病患者除依法享有工伤保险外，依照有关民事法律，尚有获得赔偿权利的，有权向用人单位提出赔偿要求。

劳动者被诊断为职业病，但用人单位没有依法参加工伤保险的，其医疗和生活保障由该用人单位承担。用人单位已经不存在或者无法确认劳动关系的职业病患者，可以向当地医疗保障、民政部门申请医疗救助和生活等方面的救助。

6. 远离职业病的建议

远离职业病须牢记五点：

第一，认真接受岗前培训，学习职业病防治知识。

第二，参加用人单位组织的职业健康检查，并索要职业健康体检表复印件。发现异常和身体不适时应及时就医。

第三，按照职业卫生操作规程进行操作，作业时确保通风、排毒等职业病防护设施有效运行。

第四，做好个人防护，正确使用个人防护用品。如在粉尘和有毒物质作业场所全程佩戴合格的防尘用品和防毒用品。

第五，参与用人单位职业卫生有关的民主决策，对违法行为有权提出批评、检举和控诉；拒绝违章指挥和强令没有职业病防护措施的作业。

项目实训

实训 4　到医院了解职业病诊断流程

选择附近一家获得当地卫健委颁发的职业病诊断资质医疗机构，了解该医疗机构职业病诊断流程。

实训 5　到企业了解职业病病人的处置情况

选择附近一家曾有职业病病人的企业，了解该企业如何处置职业病病人。

实训 6　采访职业病病人

到医院采访正在住院的职业病病人，了解该职业病病人患病原因、诊疗过程，以及工作、生活状况等情况。

情景考评

学习完本情景之后，请根据自己的学习所得，结合下表所列内容进行评价打分。

评价内容	评价方式			评价等级
	自评	组评	师评	
课前预习本情景的相关知识、相关资料				A. 充分 B. 一般 C. 不足
理解职业病的定义与特点				A. 充分 B. 一般 C. 不足
了解劳动者在职业病预防过程中的权利和义务				A. 充分 B. 一般 C. 不足
了解职业病诊断所需提交资料和流程				A. 充分 B. 一般 C. 不足
了解职业病鉴定所需提交资料和流程				A. 充分 B. 一般 C. 不足
开展实地考察的实践情况				A. 充分 B. 一般 C. 不足
参加教学中的讨论并积极完成相关任务				A. 充分 B. 一般 C. 不足
团队成员合作情况				A. 充分 B. 一般 C. 不足
学习态度、完成作业情况				A. 充分 B. 一般 C. 不足
总评				

复习思考题

1. 劳动者在职业病预防过程中有哪些权利和义务?
2. 如何降低患职业病的风险?
3. 患职业病之后如何进行法律求助?

参 考 文 献

[1] 黎海红，黄世文. 职业安全与健康管理[M]. 北京：化学工业出版社，2019.

[2] 李德鸿，赵金垣，李涛. 中华职业医学[J]. 2 版. 北京：人民卫生出版社，2019.

[3] 陈雄. 职业卫生法律法规[M]. 重庆大学出版社，2018.

[4] 孙贵范，邬堂春. 职业卫生与职业医学[M]. 8 版. 北京：人民卫生出版社，2017.

[5] 马少华. 高职化工类专业“环保与职业卫生”课程设计探讨[J]. 安徽化工，2019，45（5）：139－141.

[6] 王文甫，李晓锦. 高职职业卫生技术管理专业课程体系构建研究[J]. 安全，2016，37（5）：64－67.

[7] 李季，宋富美，王明，等. 职业卫生工程专业人才培养模式的思考与探索[C]//中国职业安全健康协会，中国黄金协会. 中国职业安全健康协会 2020 年学术年会（科技奖颁奖大会）暨会员单位（黄金行业）职业安全健康管理现场会论文集，2020：28.

[8] 王春华，张利文，张强. 职业卫生与职业医学的应用型人才培养模式[J]. 高教学刊，2017（10）：143－144.

[9] 俞晓民，戴晓君. 危险化品物流仓储类行业职业病危害及防护对策分析[J]. 科技与创新，2019（20）：124－125.

[10] 傅圣英. 建材物流业粉尘危害及防控措施[J]. 安全，2017，38（7）：29－31.

[11] 沈洪艳，周可心，杨雷，等. 某物流配送中心运输车辆噪声对居民的影响[J]. 河北工业科技，2017，34（1）：57－63.

[12] 周纪标. 中国的职业卫生法律法规体系分析[J]. 职业卫生与应急救援，2016，34（2）：170－173.